LE
FILS NATUREL,

OU

LES ÉPREUVES

DE LA VERTU.

COMÉDIE

EN CINQ ACTES, ET EN PROSE,

Avec l'Histoire véritable de la Piece.

Interdum speciosa locis, morataque recte
Fabula, nullius veneris, sine pondere & arte,
Valdius oblectat populum, meliusque moratur
Quàm versus inopes rerum, nugæque canoræ.
Horat. De Arte Poet.

Tome I.   A

LE fixieme volume de l'Encyclopédie venoit de paroître, & j'étois allé chercher à la campagne du repos & de la fanté, lorfqu'un événement, non moins intéreffant par les circonftances, que par les perfonnes, devint l'étonnement & l'entretien du canton. On n'y parloit que de l'homme rare qui avoit eu, dans un même jour, le bonheur d'expofer fa vie pour fon ami, & le courage de lui facrifier fa paffion, fa fortune & fa liberté.

Je voulus connoître cet homme. Je le connus, & je le trouvai tel qu'on me l'avoit dépeint, fombre & mélancolique. Le chagrin & la douleur, en fortant d'une ame où ils avoient habité trop long-tems, y avoient laiffé la triffeffe. Il étoit trifte dans fa converfation & dans fon maintien, à moins qu'il ne

A ij

parlât de la vertu , ou qu'il n'éprouvât
les tranfports qu'elle caufe à ceux qui
en font fortement épris. Alors vous
euffiez dit qu'il fe transfiguroit. La fé-
rénité fe déployoit fur fon vifage. Ses
yeux prenoient de l'éclat & de la douceur. Sa voix avoit un charme inexpri-
mable. Son difcours devenoit pathétique. C'étoit un enchaînement d'idées
aufteres & d'images touchantes qui te-
noient l'attention fufpendue & l'ame
ravie. Mais, comme on voit le foir , en
automne , dans un tems nébuleux &
couvert , la lumiere s'échapper d'un
nuage , briller un moment , & fe perdre en un ciel obfcur ; bientôt fa gaieté
s'éclipfoit , & il retomboit tout-à-coup
dans le filence & la mélancolie.

Tel étoit Dorval. Soit qu'on l'eût
prévenu favorablement , foit qu'il y
ait , comme on le dit , des hommes
faits pour s'aimer fitôt qu'ils fe rencon-
treront , il m'accueillit d'une maniere

ouverte qui furprit tout le monde, excepté moi ; & dès la feconde fois que
je le vis, je crus pouvoir, fans être
indifcret, lui parler de fa famille, &
de ce qui venoit de s'y paffer. Il fatis-
fit à mes queftions. Il me raconta fon
hiftoire. Je tremblai avec lui des épreuves auxquelles l'homme de bien eft
quelquefois expofé ; & je lui dis qu'un
ouvrage dramatique, dont ces épreuves
feroient le fujet, feroit impreffion fur
tous ceux qui ont de la fenfibilité, de
la vertu, & quelqu'idée de la foibleffe
humaine.

Hélas ! me répondit-il en foupirant,
vous avez eu la même penfée que mon
pere. Quelque tems après fon arrivée,
lorfqu'une joie plus tranquille & plus
douce commençoit à fuccéder à nos
tranfports, & que nous goûtions le
plaifir d'être affis les uns à côté des autres, il me dit :

Dorval, tous les jours je parle au Ciel

de Rosalie & de toi. Je lui rends graces de vous avoir conservés jusqu'à mon retour ; mais, sur-tout, de vous avoir conservé innocens. Ah ! mon fils, je ne jette point les yeux sur Rosalie, sans frémir du danger que tu as couru. Plus je la vois, plus je la trouve honnête & belle, plus ce danger me paroît grand. Mais le Ciel, qui veille aujourd'hui sur nous, peut nous abandonner demain. Nul de nous ne connoît son fort. Tout ce que nous savons, c'est qu'à mesure que la vie s'avance, nous échappons à la méchanceté, qui nous suit. Voilà les réflexions que je fais toutes les fois que je me rappelle ton histoire. Elles me consolent du peu de tems qui me reste à vivre ; &, si tu voulois, ce seroit la morale d'une Pièce dont une partie de notre vie seroit le sujet, & que nous représenterions entre nous.

« Une Pièce, mon pere » !

Oui, mon enfant. Il ne s'agit point d'élever ici des tréteaux, mais de conser-

ver la mémoire d'un événement qui nous
touche, & de le rendre comme il s'est
passé.... *Nous* le renouvellerions nous-
mêmes, tous les ans, dans cette maison:
dans ce sallon. Les choses que nous avons
dites, nous les redirions. *Tes enfans en
feroient autant*, & les leurs, & leurs des-
cendans. *Et je me survivrois à moi-même;
& j'irois converser ainsi*, d'âge en âge,
avec tous mes neveux ... Dorval, penses-
tu qu'un ouvrage qui leur transmettroit nos
propres idées, nos vrais sentimens, les
discours que nous avons tenus dans une
des circonstances les plus importantes de
notre vie, ne valût pas mieux que des
portraits de famille, qui ne montrent de
nous qu'un moment de notre visage?

   » C'est-à-dire que vous m'ordonnez
» de peindre votre ame, la mienne,
» celles de *Constance*, de *Clairville* &
» de *Rosalie*. Ah! mon pere, c'est une
» tâche au-dessus de mes forces, &
» vous le savez bien ».

Ecoute ; je prétends y faire mon rôle une fois avant de mourir ; & , pour cet effet , j'ai dit à André de ferrer dans un coffre les habits que nous avons apportés des prisons.

« Mon pere !.... »

Mes enfans ne m'ont jamais opposé de refus ; ils ne voudront pas commencer si tard.

En cet endroit , Dorval détournant son visage , & cachant ses larmes , me dit du ton d'un homme qui contraignoit sa douleur.... La Pièce est faite.... mais celui qui l'a commandée n'est plus .... Après un moment de silence, il ajoûta :.... Elle étoit restée-là , cette Pièce ; & je l'avois presque oubliée ; mais ils m'ont répété si souvent que c'étoit manquer à la volonté de mon pere, qu'ils m'ont persuadé ; & , Dimanche prochain , nous nous acquittons , pour la premiere fois , d'une chose qu'ils s'accordent tous à regarder comme un devoir.

Ah! Dorval, lui dis-je, ſi j'oſois!... Je vous entends, me répondit-il; mais croyez-vous que ce ſoit une propoſition à faire à *Conſtance*, à *Clairville*, & à *Roſalie* ? Le ſujet de la Pièce vous eſt connu; & vous n'aurez pas de peine à croire qu'il y a quelques ſcènes où la préſence d'un étranger gêneroit beaucoup. Cependant c'eſt moi qui fais ranger le ſallon. Je ne vous promets point, je ne vous refuſe pas. Je verrai.

Nous nous ſéparâmes Dorval & moi : c'étoit le lundi. Il ne me fit rien dire de toute la ſemaine. Mais le Dimanche matin il m'écrivit..... *Aujourd'hui à trois heures préciſes, à la porte du Jardin...* Je m'y rendis. J'entrai dans le ſallon par la fenêtre; & Dorval, qui avoit écarté tout le monde, me plaça dans un coin, d'où, ſans être vu, je vis & j'entendis ce qu'on va lire, excepté la derniere ſcène. Une autre fois je dirai pourquoi je n'entendis pas la derniere ſcène.

———————⬧———————

*Voici les Noms des Personnages réels de
la Pièce, avec ceux des Acteurs qui
pourroient les remplacer.*

LYSIMOND , *pere de Dorval & de Rosalie,*
M. Sarrazin.

DORVAL , *fils naturel de Lysimond, & ami
de Clairville ,* M. Grandval.

ROSALIE , *fille de Lysimond ,* Mlle Gauffin.

JUSTINE , *suivante de Rosalie ,* Mlle Dan-
geville.

ANDRÉ , *domestique de Lysimond ,* M. Le
Grand.

CHARLES , *valet de Dorval ,* M. Armand.

CLAIRVILLE , *ami de Dorval, & amant de
Rosalie ,* M. Lekain.

CONSTANCE , *jeune veuve , sœur de Clairville ,* Mlle Clairon.

SYLVESTRE , *valet de Clairville* . . . . .

Autres Domestiques de la maison de Clairville.

La Scene est à Saint-Germain-en-Laye.

L'action commence avec le jour, & se passe
dans un sallon de la maison de Clairville.

LE
FILS NATUREL,
OU
LES ÉPREUVES
DE LA VERTU,
COMÉDIE.

ACTE PREMIER.

SCENE PREMIERE.

La Scene est dans un sallon. On y voit un
clavessin, des chaises, des tables de jeu.

Sur une de ces tables, un trictrac; sur une autre, quelques brochures; d'un côté, un métier à tapisserie, &c... dans le fond, un canapé, &c.

DORVAL, *seul*.

(*Il est en habit de campagne, en cheveux né-gligés, assis dans un fauteuil, à côté d'une table sur laquelle il y a des brochures. Il paroît agité. Après quelques mouvemens vio-lens, il s'appuie sur un des bras de son fau-teuil, comme pour dormir. Il quitte bientôt cette situation. Il tire sa montre, & dit :*)

A PEINE est-il six heures.

(*Il se jette sur l'autre bras de son fauteuil; mais il n'y est pas plutôt, qu'il se releve, & dit :*)

Je ne saurois dormir.

(*Il prend un livre qu'il ouvre au hasard, qu'il referme presque sur le champ, & dit :*)

Je lis sans rien entendre.

(*Il se leve. Il se promene, & dit :*)

Je ne peux m'éviter..... Il faut sortir d'ici.... Sortir d'ici! Et j'y suis enchaîné! J'aime !... (*comme effrayé.*) & qui aimé-je ?...

J'ofe me l'avouer; malheureux, & je refte!
(*Il appelle violemment : .*) Charles. Charles.

SCENE II.

(*Cette Scene marche vîte.*)

DORVAL, CHARLES.

(Charles croit que fon maître demande fon chapeau & fon épée ; il les apporte , les pofe fur un fauteuil , & dit :)

CHARLES

Monsieur, ne vous faut-il plus rien ?

DORVAL.

Des chevaux ; ma chaife.

CHARLES.

Quoi ! nous partons !

DORVAL.

A l'inftant.

(Il eft affis dans le fauteuil ; & tout en parlant , il ramaffe des livres , des papiers , des brochures , comme pour en faire des paquets.)

CHARLES.

Monfieur , tout dort encore ici.

DORVAL.

Je ne verrai perfonne.

CHARLES.

Cela fe peut-il ?

DORVAL.

Il le faut.

CHARLES.

Monfieur . . . .

DORVAL.

(*Se tournant vers Charles , d'un air trifte &* *accablé.*) Eh bien , Charles !

CHARLES.

Avoir été accueilli dans cette maifon , chéri de tout le monde , prévenu fur tout , & s'en aller fans parler à perfonne ! Permettez, Monfieur . . . . .

DORVAL.

J'ai tout entendu. Tu as raifon. Mais je pars.

CHARLES.

Que dira Clairville votre ami ? Conftance fa fœur, qui n'a rien négligé pour vous faire aimer ce féjour ? (*d'un ton plus bas.*) Et Ro- falie ? . . . Vous ne les verrez point ?

DORVAL

(soupire profondément, laisse tomber sa tête sur ses mains, & Charles continue.)

CHARLES.

Clairville & Rosalie s'étoient flattés de vous avoir pour témoin de leur mariage. Rosalie se faisoit une joie de vous présenter à son pere. Vous deviez les accompagner tous à l'autel.

DORVAL *(soupire, s'agite, &c.)*

CHARLES.

Le bon-homme arrive, & vous partez ! Tenez, mon cher maître, j'ose vous le dire, les conduites bisarres sont rarement sensées.... Clairville ! Constance ! Rosalie !

DORVAL.

(Brusquement, en se levant :) Des chevaux, ma chaise, te dis-je.

CHARLES.

Au moment où le pere de Rosalie arrive d'un voyage de plus de mille lieues ! à la veille du mariage de votre ami !

DORVAL *(en colere .... à Charles.)* Malheureux ! ....

(A lui-même, en se mordant la levre & se

frappant la poitrine :) que je fuis !... Tu perds
le tems , & je demeure.

CHARLES.
Je vais.

DORVAL.
Qu'on se dépêche.

SCENE III.

DORVAL, *seul.*

(*Il continue de se promener & de rêver.*)

PARTIR fans dire adieu ! Il a raifon ; cela
feroit d'une bifarrerie, d'une inconféquence!..
Et qu'eft-ce que ces mots fignifient ? Eft-il
queftion de ce qu'on croira, ou de ce qu'il
eft honnête de faire ?.... Mais, après tout,
pourquoi ne verrois-je pas Clairville & fa
fœur? ne puis-je les quitter, & leur en taire
le motif?.... Et Rofalie? je ne la verrai
point?... Non... l'amour & l'amitié n'im-
pofent point ici les mêmes devoirs, fur-tout
un amour infenfé qu'on ignore & qu'il faut
étouffer.... Mais que dira-t-elle? que pen-
fera-t-elle?....

sera-t-elle ? ... Amour, sophisté dangereux,
je t'entends.

(*Constance arrive en robe de matin, tour-
mentée de son côté par une passion qui lui a ôté
le repos. Un moment après, entrent des Domestiques qui rangent le sallon, & qui ramassent
les choses qui sont à Dorval.... Charles, qui
a envoyé à la Poste pour avoir des chevaux,
rentre aussi.*)

S C E N E   I V.

DORVAL, CONSTANCE,
des Domestiques.

D O R V A L.

Quoi! Madame, si matin!

C O N S T A N C E.

J'ai perdu le sommeil. Mais vous-même,
déjà habillé!

D O R V A L, *vîte.*

Je reçois des lettres à l'instant. Une affaire
m'appelle à Paris. Elle y demande ma présence. Je prends le thé. Charles, du thé.

Tome I. B

J'embraffe Clairville. Je vous rends graces à tous les deux des bontés que vous avez eues pour moi. Je me jette dans ma chaife, & je pars.

CONSTANCE.

Vous partez ! Eft-il poffible ?

DORVAL.

Rien, malheureufement, n'eft plus né-ceffaire.

(Les Domeftiques qui ont achevé de ranger le fallon, & de ramaffer ce qui eft à Dorval, s'éloignent. Charles laiffe le thé fur une des tables. Dorval prend le thé.)

(Conftance, un coude appuyé fur la table, & la tête penchée fur une de fes mains, demeure dans cette fituation penfive.)

DORVAL.

Conftance, vous rêvez ?

CONSTANCE

émue, ou plutôt d'un fang-froid un peu con-traint.)

Oui, je rêve .... mais j'ai tort ... la vie que l'on mene ici vous ennuie .... Ce n'eft pas d'aujourd'hui que je m'en apperçois.

DORVAL.

Elle m'ennuie ! Non , Madame, ce n'eſt pas cela.

CONSTANCE.

Qu'avez-vous donc ? .... Un air ſombre que je vous trouve ....

DORVAL.

Les malheurs laiſſent des impreſſions .... Vous ſavez .... Madame ..... Je vous jure que depuis long-tems je ne connoiſſois de douceurs que celles que je goûtois ici.

CONSTANCE.

Si cela eſt , vous revenez , ſans doute.

DORVAL.

Je ne ſais ...., Ai-je jamais ſu ce que je deviendrois ?

CONSTANCE,

(*après s'être promenée un inſtant.*)

Ce moment eſt donc le ſeul qui me reſte. Il faut parler.

(*Une pauſe.*)

Dorval, écoutez-moi. Vous m'avez trouvé ici , il y a ſix mois , tranquille & heu-reuſe. J'avois éprouvé tous les malheurs des nœuds mal affortis. Libre de ces nœuds , je m'étois promis une indépendance éternelle , & j'avois fondé mon bonheur fur l'averfion de tout lien , & dans la fécurité d'une vie retirée.

Après les longs chagrins , la folitude a tant de charmes ! On y refpire en liberté. J'y jouiffois de mes peines paffées. Il me fembloit qu'elles avoient épuré ma raifon. Mes journées , toujours innocentes , quelquefois délicieufes , fe partageoient entre la lecture , la promenade , & la converfation de mon frere. Clairville me parloit fans ceffe de fon auftere & fublime ami. Que j'avois de plaifir à l'entendre ! Combien je defirois de connoître un homme que mon frere aimoit , refpectoit à tant de titres , & qui avoit développé dans fon cœur les premiers germes de la fageffe !

Je vous dirai plus. Loin de vous , je marchois déjà fur vos traces ; & cette jeune Rofalie , que vous voyez ici , étoit l'objet de tous mes foins , comme Clairville avoit été l'objet des vôtres.

DORVAL (*ému & attendri.*)
Rofalie !

CONSTANCE.
Je m'apperçus du goût que Clairville

prenoit pour elle, & je m'occupai à former l'esprit, & sur-tout le caractere de cet enfant, qui devoit un jour faire la destinée de mon frere. Il est étourdi, je la rendois prudente. Il est violent, je cultivois sa douceur naturelle. Je me complaisois à penser que je préparois, de concert avec vous, l'union la plus heureuse qu'il y eût peut-être au monde : vous arrivâtes. Hélas !...

(La voix de Constance prend ici l'accent de la tendresse, & s'affoiblit un peu.)

Votre présence, qui devoit m'éclairer & m'encourager, n'eut point ces effets que j'en attendois. Peu-à-peu mes soins se détournerent de Rosalie. Je ne lui enseignai plus à plaire..... & je n'en ignorai pas long-tems la raison.

Dorval, je connus tout l'empire que la vertu avoit sur vous, & il me parut que je l'en aimois encore davantage. Je me proposai d'entrer dans votre ame avec elle, & je crus n'avoir jamais formé de dessein qui fût si bien selon mon cœur. Qu'une femme est heureuse, me disois-je, lorsque le seul moyen qu'elle ait d'attacher celui qu'elle a distingué, c'est d'ajoûter de plus en plus à l'estime qu'elle

B iij

fe doit ; c'eft de s'élever fans ceffe à fes propres yeux.

Je n'en ai point employé d'autre. Si je n'en
ai pas attendu le fuccès , fi je parle , c'eft le
tems , & non la confiance qui m'a manqué. Je
ne doutai jamais que la vertu ne fît naître
l'amour , quand le moment en feroit venu.

*(Une petite paufe : ce qui fuit doit coûter à dire
à une femme telle que Conftance.)*

Vous avouerai-je ce qui m'a coûté le plus ?
C'étoit de vous dérober ces mouvemens fi
tendres & fi peu libres , qui trahiffent prefque toujours une femme qui aime. La raifon
fe fait entendre par intervalles. Le cœur im-
portun parle fans ceffe. Dorval , cent fois le
mot fatal à mon projet s'eft préfenté fur mes
levres. Il m'eft échappé quelquefois ; mais
vous ne l'avez point entendu , & je m'en
fuis toujours félicitée.

Telle eft Conftance. Si vous la fuyez , du
moins elle n'aura point à rougir d'elle. Eloi-
gnée de vous , je me retrouverai dans le fein
de la vertu. Et tandis que tant de femmes
détefteront l'inftant où l'objet d'une criminelle tendreffe arracha de leur cœur un premier foupir , Conftance ne fe rappellera

Dorval que pour s'applaudir de l'avoir connu : ou , s'il se mêle quelque amertume à son souvenir , il lui restera toujours une consolation douce & solide dans les sentimens mêmes que vous lui aurez inspirés.

S C E N E V.

DORVAL, CONSTANCE, CLAIRVILLE.

DORVAL.

MADAME , voilà votre frere.

CONSTANCE (*attristée , dit :*)

Mon frere, Dorval nous quitte. (*& sort.*)

CLAIRVILLE.

On vient de me l'apprendre.

SCENE VI.

DORVAL, CLAIRVILLE.

DORVAL,

(*faifant quelques pas , diftrait & embarraffé.*)

DES lettres de Paris .... Des affaires qui preffent .... Un Banquier qui chancelle ....

CLAIRVILLE.

Mon ami, vous ne partirez point fans m'accorder un moment d'entretien. Je n'ai jamais eu fi grand befoin de votre fe-cours.

DORVAL.

Difpofez de moi ; mais fi vous me rendez juftice , vous ne douterez pas que je n'aie les raifons les plus fortes ......

CLAIRVILLE (*affligé.*)

J'avois un ami , & cet ami m'abandonne. J'étois aimé de Rofalie , & Rofalie ne m'aime plus. Je fuis défefpéré .... Dorval, m'aban-donnerez-vous ? ...

DORVAL.

Que puis-je faire pour vous ?

CLAIRVILLE.

Vous savez si j'aime Rosalie !..... Mais
non, vous n'en savez rien. Devant les autres,
l'amour est ma premiere vertu ; j'en rougis
presque devant vous .... Eh bien ! Dorval,
je rougirai, s'il le faut ; mais je l'adore.....
Que ne puis-je vous dire tout ce que j'ai
souffert ! Avec quel ménagement, quelle dé-
licatesse j'ai imposé silence à la passion la plus
forte !.... Rosalie vivoit retirée, près d'ici,
avec une tante. C'étoit une Américaine fort
âgée, une amie de Constance. Je voyois Rosalie tous les jours, & tous les jours je
voyois augmenter ses charmes ; je sentois
augmenter mon trouble. Sa tante meurt. Dans
ses derniers momens, elle appelle ma sœur,
lui tend une main défaillante ; & lui montrant
Rosalie qui se désoloit au bord de son lit, elle
la regardoit sans parler ; ensuite elle regardoit
Constance ; des larmes tomboient de ses yeux ;
elle soupiroit ; & ma sœur entendoit tout
cela. Rosalie devint sa compagne, sa pupille,
son éleve ; & moi, je fus le plus heureux des
hommes. Constance voyoit ma passion : Ro-

falie en paroiffoit touchée. Mon bonheur
n'étoit plus traverfé que par la volonté d'une
mere inquiette qui redemandoit fa fille. Je me
préparois à paffer dans les climats éloignés
où Rofalie a pris naiffance : mais. fa mere
meurt ; & fon pere, malgré fa vieilleffe, prend
le parti de revenir parmi nous.

Je l'attendois, ce pere, pour achever mon
bonheur ; il arrive, & il me trouvera défolé.

DORVAL.

Je ne vois pas encore les raifons que vous
avez de l'être.

CLAIRVILLE.

Je vous l'ai dit d'abord. Rofalie ne m'aime
plus. A mefure que les obftacles qui s'oppo-
foient à mon bonheur ont difparu, elle eft
devenue réfervée, froide, indifférente. Ces
fentimens tendres, qui fortoient de fa bouche
avec une naïveté qui me raviffoit, ont fait
place à une politeffe qui me tue. Tout lui
eft infipide. Rien ne l'occupe. Rien ne l'a-
mufe. M'apperçoit-elle : fon premier mou-
vement eft de s'éloigner. Son pere arrive ;
& l'on diroit qu'un événement fi defiré, fi
long-tems attendu, n'a plus rien qui la
touche. Un goût fombre pour la folitude,

eſt tout ce qui lui reſte. Conſtance n'eſt pas
mieux traitée que moi. Si Roſalie nous cherche encore, c'eſt pour nous éviter l'un par
l'autre ; &, pour comble de malheur, ma
ſœur même ne paroît plus s'intéreſſer à
moi.

DORVAL.

Je reconnois bien là Clairville. Il s'inquiette, il ſe chagrine, & il touche au moment de ſon bonheur.

CLAIRVILLE.

Ah ! mon cher Dorval, vous ne le croyez
pas. Voyez.....

DORVAL.

Je ne vois dans toute la conduite de Roſalie que des inégalités auxquelles les femmes les mieux nées ſont le plus ſujettes, &
qu'il eſt quelquefois ſi doux d'avoir à leur
pardonner. Elles ont le ſentiment ſi exquis ;
leur ame eſt ſi ſenſible ; leurs organes ſont ſi
délicats, qu'un ſoupçon, un mot, une idée,
ſuffit pour les allarmer. Mon ami, leur ame
eſt ſemblable au cryſtal d'une onde pure &
tranſparente, où le ſpectateur tranquille de
la Nature s'eſt peint. Si une feuille, en tom-

bant, vient à en agiter la surface, tous les objets font vacillans.

C L A I R V I L L E (*affligé.*)

Vous me confolez . . . . . Dorval, je fuis perdu. Je ne fens que trop . . . . . que je ne peux vivre fans Rofalie ; mais quel que foit le fort qui m'attend, j'en veux être éclairci avant l'arrivée de fon pere.

D O R V A L.

En quoi puis-je vous fervir ?

C L A I R V I L L E.

Il faut que vous parliez à Rofalie.

D O R V A L.

Que je lui parle !

C L A I R V I L L E.

Oui, mon ami. Il n'y a que vous au monde qui puiffiez me la rendre. L'eftime qu'elle a pour vous me fait tout efpérer.

D O R V A L.

Clairville, que me demandez-vous ? A peine Rofalie me connoît-elle ; & je fuis fi peu fait pour ces fortes de difcuffions.

C L A I R V I L L E.

Vous pouvez tout, & vous ne me refu

ferez point. Rofalie vous révere. Votre pré-
fence la faifit de refpect ; c'eft elle qui l'a dit.
Elle n'ofera jamais être injufte , inconftante,
ingrate à vos yeux. Tel eft l'augufte privilége
de la vertu ; elle en impofe à tout ce qui
l'approche. Dorval , paroiffez devant Rofalie , & bientôt elle redeviendra pour moi ce
qu'elle doit être , ce qu'elle étoit.

DORVAL

(pofant la main fur l'épaule de Clairville.)

Ah , malheureux !

CLAIRVILLE.

Mon ami , fi je le fuis !

DORVAL.

Vous exigez . . . . .

CLAIRVILLE.

J'exige . . . .

DORVAL.

Vous ferez fatisfait.

SCENE VII.

DORVAL *seul.*

QUELS nouveaux embarras !... le frere...
la sœur.... Ami cruel, amant aveugle, que
me propofez-vous ?.... « Paroiſſez devant
» Rofalie » ! Moi, paroître devant Rofalie !
& je voudrois me cacher à moi-même ....
Que deviens-je, fi Rofalie me devine ? &
comment en impoferai-je à mes yeux, à ma
voix, à mon cœur?.... Qui me répondra
de moi?.... La vertu ?... M'en refte-t-il
encore ?

FIN DU PREMIER ACTE.

ACTE II.

SCENE PREMIERE.

ROSALIE, JUSTINE.

ROSALIE.

Justine, approchez mon ouvrage.

(Justine approche un métier à tapisserie. Rosalie est tristement appuyée sur ce métier. Justine est assise d'un autre côté. Elles travaillent. Rosalie n'interrompt son ouvrage que pour essuyer des larmes qui tombent de ses yeux. Elle le reprend ensuite. Le silence dure un moment, pendant lequel Justine laisse l'ouvrage & considere sa maitresse.)

JUSTINE.

Est-ce là la joie avec laquelle vous attendez Monsieur votre pere ? sont-ce là les transports que vous lui préparez ? Depuis un tems je n'entends rien à votre ame. Il faut que ce qui s'y paſſe ſoit mal ; car vous me le cachez , & vous faites très-bien.

ROSALIE.

(Point de réponſe de la part de Roſalie ; mais des ſoupirs , du ſilence & des larmes.)

JUSTINE.

Perdez-vous l'eſprit , Mademoiſelle ? au moment de l'arrivée d'un pére ! à la veille d'un mariage ! Encore un coup , perdez-vous l'eſprit ?

ROSALIE.

Non , Juſtine.

JUSTINE, *(après une pauſe.)*

Seroit-il arrivé quelque malheur à Monſieur votre pere ?

ROSALIE.

Non , Juſtine.

(Toutes ces queſtions ſe font à différens intervalles , dans leſquels Juſtine quitte & reprend ſon ouvrage.)

JUSTINE,
(après une pauſe un peu plus longue.)

Par haſard , eſt-ce que vous n'aimeriez plus Clairville ?

ROSALIE,

ROSALIE.

Non , Juftine.

JUSTINE,

(refte un peu ftupéfaite. Elle dit enfuite:)

La voilà donc la caufe de ces foupirs , de
ce filence & de ces larmes ?.... Oh ! pour
le coup , les hommes n'ont qu'à dire que
nous fommes folles ; que la tête nous tourne
aujourd'hui pour un objet que demain nous
voudrions favoir à mille lieues : qu'ils difent
de nous tout ce qu'ils voudront , je veux
mourir fi je les en dédis .... Vous ne vous
êtes pas attendue , Mademoifelle , que j'approuverois ce caprice ?.... Clairville vous
aime éperdûment. Vous n'avez aucun fujet
de vous plaindre de lui. Si jamais femme a pu
fe flatter d'avoir un amant tendre, honnête; de
s'être attaché un homme qui eût de l'efprit ,
de la figure , des mœurs , c'eft vous. Des
mœurs ! Mademoifelle , des mœurs !... Je
n'ai jamais pu concevoir , moi , qu'on ceffât
d'aimer , à plus forte raifon qu'on ceffât fans
fujet. Il y a là quelque chofe où je n'entends
rien.

(Juftine s'arrête un moment. Rofalie continue
de travailler & de pleurer. Juftine reprend d'un

ton hypocrite & radouci, & dit tout en travail-
lant, & sans lever les yeux de dessus son ouvrage:)

Après tout, si vous n'aimez plus Clairville, cela est fâcheux . . . . . . mais il ne faut
pas s'en désespérer comme vous faites . . . . .
Quoi donc ! après lui, n'y auroit-il plus personne au monde que vous puissiez aimer ?

ROSALIE.

Non, Justine.

JUSTINE.

Oh ! pour celui-là, on ne s'y attend pas.

(Dorval entre, Justine se retire ; Rosalie
quitte son métier, se hâte de s'essuyer les yeux,
& de se composer un visage tranquille. Elle a
dit auparavant :)

ROSALIE.

O Ciel ! c'est Dorval.

SCENE II.

ROSALIE, DORVAL.

DORVAL. *(d'un ton un peu ému.)*

Permettez, Mademoiselle, qu'avant mon départ (*à ces mots Rosalie paroît étonnée.*) j'obéisse à un ami, & que je cherche à lui rendre auprès de vous un service qu'il croit important. Personne ne s'intéresse plus que moi à votre bonheur & au sien ; vous le savez. Souffrez donc que je vous demande en quoi Clairville a pu vous déplaire, & comment il a mérité la froideur avec laquelle il dit qu'il est traité.

ROSALIE.

C'est que je ne l'aime plus.

DORVAL.

Vous ne l'aimez plus !

ROSALIE.

Non, Dorval.

DORVAL.

Et qu'a-t-il fait pour s'attirer cette horrible disgrace ?

ROSALIE.

Rien. Je l'aimois. J'ai ceſſé. J'étois légere apparemment, ſans m'en douter.

DORVAL.

Avez-vous oublié que Clairville eſt l'amant que votre cœur a préféré ?.... Songez-vous qu'il traîneroit des jours bien malheureux, ſi l'eſpérance de recouvrer votre tendreſſe lui étoit ôtée ?.... Mademoiſelle, croyez-vous qu'il ſoit permis à une honnête-femme de ſe joüer du bonheur d'un honnête-homme ?

ROSALIE.

Je ſais, là-deſſus, tout ce qu'on peut me dire. Je m'accable ſans ceſſe de reproches. Je ſuis déſolée. Je voudrois être morte.

DORVAL.

Vous n'êtes point injuſte.

ROSALIE.

Je ne ſais plus ce que je ſuis. Je ne m'eſtime plus.

DORVAL.

Mais pourquoi n'aimez-vous plus Clairville ? Il y a des raiſons à tout.

ROSALIE.

C'eſt que j'en aime un autre.

DORVAL,

(avec un étonnement mêlé de reproches.)

Rosalie ! Elle !

ROSALIE.

Oui , Dorval...... Clairville sera bien vengé !

DORVAL.

Rosalie.... si par malheur il étoit arrivé... que votre cœur surpris.... fût entraîné par un penchant.... dont votre raison vous fît un crime.... J'ai connu cet état cruel !.. Que je vous plaindrois !

ROSALIE.

Plaignez-moi donc.

DORVAL

(ne lui répond que par le geste de commisération.)

ROSALIE.

J'aimois Clairville. Je n'imaginois pas que je pusse en aimer un autre , lorsque je rencontrai l'écueil de ma constance & de notre bonheur.... Les traits, l'esprit, le regard, le son de la voix, tout, dans cet objet doux & terrible , sembloit répondre à je ne sais quelle image que la Nature avoit gravée dans mon cœur. Je le vis. Je crus y reconnoître

C iij

la vérité de toutes ces chimeres de perfec-
tion que je m'étois faites , & d'abord il eut
ma confiance.... Si j'avois pu concevoir que
je manquois à Clairville !... Mais, hélas !
je n'en avois pas eu le premier soupçon, que
j'étois toute accoutumée à aimer son rival....
Et comment ne l'aurois-je pas aimé ?... Ce
qu'il disoit, je le pensois toujours. Il ne man-
quoit jamais de blâmer ce qui devoit me
déplaire. Je louois quelquefois d'avance ce
qu'il alloit approuver. S'il exprimoit un sentiment, je croyois qu'il avoit deviné le
mien.... Que vous dirai-je enfin ? Je me
voyois à peine dans les autres ; (*elle ajoûte en*
baissant les yeux & la voix :) & je me retrou-
vois sans cesse en lui.

DORVAL.

Et ce mortel heureux connoît-il son bonheur ?

ROSALIE.

Si c'est un bonheur, il doit le connoître.

DORVAL.

Si vous aimez, on vous aime, sans doute ?

ROSALIE.

Dorval, vous le savez.

D O R V A L (*vivement.*)

Oui, je le fais, & mon cœur le fent ....
Qu'ai-je entendu ? .... Qu'ai-je dit ? ... Qui
me fauvera de moi-même ? ....

*(Dorval & Rofalie fe regardent un moment
en filence. Rofalie pleure amérement. On annonce
Clairville.)*

S Y L V E S T R E (*à Dorval.*)

Monfieur , Clairville demande à vous
parler.

D O R V A L (*à Rofalie.*)

Rofalie .... Mais on vient .... Y penfez-
vous ? C'eft Clairville. C'eft mon ami. C'eft
votre amant.

R O S A L I E.

Adieu, Dorval. (*Elle lui tend une main ;
Dorval la prend, & laiffe tomber triftement fa
bouche fur cette main, & Rofalie ajoûte :*)
Adieu, quel mot !

SCENE III.

DORVAL, *seul.*

Dans sa douleur, qu'elle m'a paru belle !
Que ses charmes étoient touchans ! J'aurois
donné ma vie pour recueillir une des larmes
qui couloient de ses yeux ... « Dorval, vous
le savez » .... Ces mots retentissent encore
dans le fond de mon cœur .... Ils ne sorti-
ront pas sitôt de ma mémoire ! ...

SCENE IV.

DORVAL, CLAIRVILLE.

CLAIRVILLE.

Excusez mon impatience. Eh bien ,
Dorval ? ....

*(Dorval est troublé. Il tâche de se remettre ;
mais il y réussit mal. Clairville, qui cherche à
lire sur son visage , s'en apperçoit , se méprend ,
& dit :)*

CLAIRVILLE.

Vous êtes troublé. Vous ne me parlez point. Vos yeux se remplissent de larmes. Je vous entends, je suis perdu ! · · · ·

(Clairville, en achevant ces mots, se jette dans le sein de son ami. Il y reste un moment en silence. Dorval verse quelques larmes sur lui, & Clairville dit, sans se déplacer, d'une voix basse & sanglottante :) · · ·

CLAIRVILLE.

Qu'a-t-elle dit ? Quel est mon crime ? Ami, de grace, achevez-moi.

DORVAL.

Que je l'acheve !

CLAIRVILLE.

Elle m'enfonce un poignard dans le sein ! & vous, le seul homme qui pût l'arracher peut-être, vous vous éloignez ! vous m'abandonnez à mon désespoir ! .... Trahi par ma maitresse ! abandonné de mon ami ! que vais-je devenir ? Dorval, vous ne me dites rien !

DORVAL.

Que vous dirai-je ? ...... Je crains de parler.

CLAIRVILLE.

Je crains bien plus de vous entendre; parlez pourtant, je changerai du moins de supplice.... Votre silence me semble, en ce moment, le plus cruel de tous.

DORVAL (en *héfitant.*)

Rofalie.....

CLAIRVILLE, (en *héfitant.*)

Rofalie?....

DORVAL.

Vous me l'aviez bien dit...... elle ne me paroît plus avoir cet empreffement qui vous promettoit un bonheur fi prochain.

CLAIRVILLE,

Elle a changé!...... Que me reproche-t-elle?

DORVAL.

Elle n'a pas changé, fi vous voulez.... Elle ne vous reproche rien,.... mais fon pere.....

CLAIRVILLE.

Son pere a-t-il repris fon confentement?

DORVAL.

Non. Mais elle attend fon retour.... Elle

craint...., Vous favez mieux que moi qu'une fille bien née craint toujours.

CLAIRVILLE.

Il n'y a plus de craintes à avoir : tous les obſtacles ſont levés. C'étoit ſa mere qui s'oppoſoit à nos vœux ; elle n'eſt plus, & ſon pere n'arrive que pour m'unir à ſa fille, ſe fixer parmi nous, & finir ſes jours tranquillement, dans ſa patrie, au ſein de ſa famille, au milieu de ſes amis. Si j'en juge par ſes lettres, ce reſpectable vieillard ne ſera gueres moins affligé que moi. Songez, Dorval, que rien n'a pu l'arrêter ; qu'il a vendu ſes habitations ; qu'il s'eſt embarqué avec toute ſa fortune, à l'âge.... de quatre-vingts ans, je crois, ſur des mers couvertes de vaiſſeaux ennemis.

DORVAL.

Clairville, il faut l'attendre. Il faut tout eſpérer des bontés du pere, de l'honnêteté de la fille, de votre amour, & de mon amitié. Le Ciel ne permettra pas que des êtres qu'il ſemble avoir formés pour ſervir de conſolation & d'encouragement à la vertu, ſoient tous malheureux ſans l'avoir mérité.

CLAIRVILLE.

Vous voulez donc que je vive?

DORVAL.

Si je le veux !.... Si Clairville pouvoit lire au fond de mon ame !.... Mais j'ai satisfait à ce que vous exigiez.

CLAIRVILLE.

C'est à regret que je vous entends. Allez, mon ami. Puisque vous m'abandonnez dans la triste situation où je suis, je peux tout croire des motifs qui vous rappellent. Il ne me reste plus qu'à vous demander un moment. Ma sœur, allarmée de quelques bruits fâcheux qui se sont répandus ici sur la fortune de Rosalie & sur le retour de son pere, est sortie malgré elle. Je lui ai promis que vous ne partiriez point qu'elle ne fût rentrée. Vous ne me refuserez pas de l'attendre.

DORVAL.

Y a-t-il quelque chose que Constance ne puisse obtenir de moi?

CLAIRVILLE.

Constance ! hélas ! j'ai pensé quelquefois... Mais renvoyons ces idées à des tems plus heureux.... Je sais où elle est, & je vais hâter son retour.

SCENE V.

DORVAL, *seul.*

SUIS-JE affez malheureux ?.... J'infpire
une paffion fecrette à la fœur de mon ami...
J'en prends une infenfée pour fa maitreffe ;
elle pour moi.... Que fais-je encore dans
une maifon que je remplis de défordre ? Où
eft l'honnêteté ? Y en a-t-il dans ma conduite ?..
(*Il appelle comme un forcené* :) Charles ,
Charles..... On ne vient point.... Tout
m'abandonne...... (*Il fe renverfe dans un
fauteuil. Il s'abîme dans la rêverie. Il jette ces
mots par intervalles.*) Encore , fi c'étoient-là
les premiers malheurs que je fais !... Mais
non , je traîne par-tout l'infortune....Triftes
mortels , miférables jouets des événemens !..,
Soyez bien fiers de votre bonheur , de votre
vertu !.... Je viens ici , j'y porte une ame
pure.... Oui ; car elle l'eft encore.... J'y
trouve trois êtres favorifés du Ciel ; une
femme vertueufe & tranquille , un amant
paffionné & payé de retour , une jeune amante
raifonnable & fenfible.... La femme ver-

tueufe a perdu fa tranquillité ; elle nourrit
dans fon cœur une paffion qui la tourmente.
L'amant eft défefpéré. Sa maitreffe devient
inconftante, & n'en eft que plus malheureufe...
Quel plus grand mal eût fait un fcélérat ?...
O toi qui conduis tout , qui m'as conduit
ici , te chargeras-tu de te juftifier ?...... Je
ne fais où j'en fuis..... (*Il crie encore :*)
Charles , Charles.

SCENE VI.

DORVAL, CHARLES, SYLVESTRE.

CHARLES.

MONSIEUR , les chevaux font mis. Tout
eft prêt.   (*Cela dit , il fort.*)

SYLVESTRE (*entre.*)

Madame vient de rentrer. Elle va defcen-
dre.

DORVAL.

Conftance ?

SYLVESTRE.

Oui , Monfieur. (*Cela dit , il fort.*)

C H A R L E S

(rentre, & dit à Dorval, qui, l'air sombre &
les bras croisés, l'écoute & le regarde :)

(En cherchant dans ses poches.)

Monsieur...... vous me troublez aussi avec
vos impatiences....... Non, il semble que le
bon-sens se soit enfui de cette maison.....
Dieu veuille que nous le rattrapions en route...
Je ne pensois plus que j'avois une lettre ; &
maintenant que j'y pense, je ne la trouve
plus. *(A force de chercher, il trouve la lettre,*
& la donne à Dorval.)

D O R V A L.

Et donne donc. *(Charles sort.)*

S C E N E V I I.

D O R V A L, *seul. (Il lit.)*

« LA honte & le remords me poursui-
» vent....... Dorval, vous connoissez les
» loix de l'innocence....Suis-je criminelle?....
» Sauvez-moi ..... Hélas ! en est-il tems en-
» core?.... Que je plains mon pere !.....
» Et Clairville ? je donnerois ma vie pour

» lui.... Adieu, Dorval ; je donnerois pour
» vous mille vies.... Adieu !.... vous vous
» éloignez, & je vais mourir de douleur ».

(*Après avoir lu d'une voix entrecoupée &
dans un trouble extrême, il se jette dans un fauteuil. Il garde un moment le silence. Tournant
ensuite des yeux égarés & distraits sur la lettre
qu'il tient d'une main tremblante, il en relit
quelques mots, & dit :*)

« La honte & le remords me poursuivent ».
C'est à moi de rougir, d'être déchiré.....
« Vous connoissez les loix de l'innocence »...
Je les connus autrefois.... « Suis-je crimi-
» nelle » ? Non, c'est moi qui le suis....
« Vous vous éloignez, & je vais mourir...»
O Ciel ! je succombe..... (*En se levant.*)
Arrachons-nous d'ici.... Je veux... je ne
puis.... ma raison se trouble.... Dans quel-
les ténèbres suis-je tombé ?.... O Rosalie !
ô vertu ! ô tourment !

(*Après un moment de silence, il se leve,
mais avec peine. Il s'approche lentement d'une
table. Il écrit quelques lignes pénibles ; mais
tout au travers de son écriture, arrive Charles,
en criant :*)

SCENE

SCENE VIII.

DORVAL, CHARLES.

CHARLES.

Monsieur, au secours. On assassine.... Clairville....

(Dorval quitte la table où il écrit, laisse sa lettre à moitié, se jette sur son épée qu'il trouve sur un fauteuil, & vole au secours de son ami. Dans ces mouvemens, Constance survient, & demeure fort surprise de se voir laisser seule par le maître & par le valet.)

SCENE IX.

CONSTANCE, (seule.)

Que veut dire cette fuite ? .... Il a dû m'attendre. J'arrive, il disparoît....... Dorval, vous me connoissez mal .... J'en peux guérir ....

Tome I. D

(*Elle approche de la table , & apperçoit la lettre à demi-écrite.*)

Une lettre !

(*Elle prend la lettre , & la lit.*)

« Je vous aime , & je fuis..... hélas !
» beaucoup trop tard !..... Je fuis l'ami de
» Clairville .... Les devoirs de l'amitié, les
» loix facrées de l'hofpitalité!..,.. »

Ciel ! quel eft mon bonheur !.... il m'ai-me !... Dorval , vous m'aimez !... (*Elle fe promene agitée.*) Non , vous ne partirez point... Vos craintes font frivoles... votre délicateffe eft vaine.... Vous avez ma ten-dreffe.... Vous ne connoiffez ni Conftance, ni votre ami.... Non , vous ne les connoif-fez pas..... mais peut-être qu'il s'éloigne, qu'il fuit au moment où je parle. (*Elle fort de la Scene avec quelque précipitation.*)

FIN DU SECOND ACTE.

ACTE III.

SCENE PREMIERE.

DORVAL, CLAIRVILLE.

(*Ils rentrent le chapeau sur la tête. Dorval remet le sien avec son épée sur le fauteuil.*)

CLAIRVILLE.

SOYEZ assuré que ce que j'ai fait, tout autre l'eût fait à ma place.

DORVAL.

Je le crois. Mais je connois Clairville. Il est vif.

CLAIRVILLE.

J'étois trop affligé pour m'offenser légerement..... Mais que pensez-vous de ces bruits qui avoient appellé Constance chez son amie ?

DORVAL.

Il ne s'agit pas de cela.

CLAIRVILLE.

Pardonnez-moi. Les noms s'accordent; on parle d'un vaiſſeau pris, d'un vieillard appellé Mérian....

DORVAL.

De grace, laiſſons pour un moment ce vaiſſeau, ce vieillard, & venons à votre affaire. Pourquoi me taire une choſe dont tout le monde s'entretient à préſent, & qu'il faut que j'apprenne?

CLAIRVILLE.

J'aimerois mieux qu'un autre vous la dît.

DORVAL.

Je n'en veux croire que vous.

CLAIRVILLE.

Puiſqu'abſolument vous voulez que je parle; il s'agiſſoit de vous.

DORVAL.

De moi?

CLAIRVILLE.

De vous. Ceux contre leſquels vous m'avez ſecouru, ſont deux méchans & deux lâches. L'un s'eſt fait chaſſer de chez Conſ-

tems des vues sur Rosalie. Je les trouve chez
cette femme que ma sœur venoit de quitter.
Ils parloient de votre départ ; car tout se sait
ici. Ils doutoient s'il falloit m'en féliciter ou
m'en plaindre. Ils en étoient également surpris.

DORVAL.

Pourquoi surpris ?

CLAIRVILLE.

C'est, disoit l'un, que ma sœur vous
aime.

DORVAL.

Ce discours m'honore.

CLAIRVILLE.

L'autre, que vous aimez ma maitresse.

DORVAL.

Moi ?

CLAIRVILLE.

Vous.

DORVAL.

Rosalie ?

CLAIRVILLE.

Rosalie.

DORVAL.

Clairville, vous croiriez....

CLAIRVILLE.

Je vous crois incapable d'une trahison.
(*Dorval s'agite.*) Jamais un fentiment bas
n'entra dans l'ame de Dorval , ni un foupçon
injurieux dans l'efprit de Clairville.

DORVAL.

Clairville, épargnez-moi.

CLAIRVILLE.

Je vous rends juftice. Auffi tournant fur
eux des regards d'indignation & de mépris ,
(*Clairville regardant Dorval avec ces yeux ,*
Dorval ne peut les foutenir. Il détourne la
tête , & fe couvre le vifage avec les mains.) je
leur fis entendre qu'on portoit en foi le germe
des baffeffes (*Dorval eft tourmenté.*) dont on
étoit fi prompt à foupçonner autrui ; & que
par-tout où j'étois , je prétendois qu'on ref-
pectât ma maitreffe , ma fœur & mon ami...
Vous m'approuvez , je penfe ?

DORVAL.

Je ne peux-vous blâmer... Non... Mais...

CLAIRVILLE.

Ce difcours ne demeura pas fans réponfe.
Ils fortent. Je fors. Ils m'attaquent.....

DORVAL.

Et vous périffiez, fi je n'étois accouru ?...

CLAIRVILLE.

Il eft certain que je vous dois la vie.

DORVAL.

C'eft-à-dire qu'un moment plus tard, je devenois votre affaffin.

CLAIRVILLE.

Vous n'y penfez pas. Vous perdiez votre ami ; mais vous reftiez, toujours vous-même. Pouviez-vous prévenir un indigne foupçon ?

DORVAL.

Peut-être.

CLAIRVILLE.

Empêcher d'injurieux propos ?

DORVAL.

Peut-être.

CLAIRVILLE.

Que vous êtes injufte envers vous !

DORVAL.

Que l'innocence & la vertu font grandes, & que le vice obfcur eft petit devant elles !

SCENE II.

DORVAL, CLAIRVILLE, CONSTANCE.

CONSTANCE.

Dorval.... mon frere.... dans quelles inquiétudes vous nous jettez !.... Vous m'en voyez encore toute tremblante, & Rosalie en est à moitié morte.

DORVAL & CLAIRVILLE.

Rosalie ! (*Dorval se contraint subitement.*)

CLAIRVILLE.

J'y vais. J'y cours.

CONSTANCE,
(*l'arrêtant par le bras.*)

Elle est avec Justine. Je l'ai vue. Je la quitte. N'en soyez point inquiet.

CLAIRVILLE.

Je le suis d'elle.... Je le suis de Dorval.... Il est d'un sombre qui ne se conçoit pas.... Au moment où il sauve la vie à son ami !...

Mon ami, fi vous avez quelques chagrins, pourquoi ne pas les répandre dans le fein d'un homme qui partage tous vos fentimens ; qui, s'il étoit heureux, ne vivroit que pour Dorval & pour Rofalie.

CONSTANCE,

(tirant une lettre de fon fein, la donne à fon frere, & lui dit :)

Tenez, mon frere, voilà fon fécret, le mien, & le fujet apparemment de fa mélancolie.

(Clairville prend la lettre & la lit. Dorval, qui reconnoît cette lettre pour celle qu'il écrivoit à Rofalie, s'écrie :)

DORVAL.

Jufte Ciel ! C'eft ma lettre !

CONSTANCE.

Oui, Dorval. Vous ne partez plus. Je fais tout. Tout eft arrangé .... Quelle délicateffe vous rendoit ennemi de notre bonheur ?.... Vous m'aimiez. Vous m'écriviez .... Vous fuyez !....

(A chacun de ces mots, Dorval s'agite & fe tourmente.)

DORVAL.

Il le falloit. Il le faut encore. Un fort cruel me pourfuit. Madame, cette lettre... (*bas.*) Ciel ! qu'allois-je dire ?

CLAIRVILLE.

Qu'ai-je lu ? Mon ami, mon libérateur va devenir mon frere ! Quel furcroît de bonheur & de reconnoiffance !

CONSTANCE.

Aux tranfports de fa joie, reconnoiffez enfin la vérité de fes fentimens & l'injuftice de votre inquiétude. Mais quel motif ignoré peut encore fufpendre les vôtres ? Dorval, fi j'ai votre tendreffe, pourquoi n'ai-je pas auffi votre confiance ?

DORVAL,
(*d'un ton trifte & avec un air abattu.*)

Clairville !

CLAIRVILLE.

Mon ami, vous êtes trifte.

DORVAL.

Il eft vrai.

CONSTANCE.

Parlez, ne vous contraignez plus.,...

Dorval, prenez quelque confiance en votre ami. (*Dorval continuant toujours de se taire,* *Constance ajoûte :*) Mais je vois que ma pré- sence vous gêne. Je vous laisse avec lui.

S C E N E I I I.

DORVAL, CLAIRVILLE.

C L A I R V I L L E.

Dorval, nous sommes seuls ... Au- riez-vous douté si j'approuverois l'union de Constance avec vous ?.... Pourquoi m'avoir fait un mystere de votre penchant ? J'excuse Constance, c'est une femme.... mais vous !... Vous ne me répondez pas.

(*Dorval écoute la tête penchée & les bras croisés.*)

Auriez-vous craint que ma sœur, instruite des circonstances de votre naissance....

D O R V A L,

(*sans changer de posture, seulement en tour- nant la tête vers Clairville.*)

Clairville, vous m'offensez. Je porte une

ame trop haute, pour concevoir de pareilles craintes. Si Conſtance étoit capable de ce préjugé, j'oſe le dire, elle ne feroit pas digne de moi.

CLAIRVILLE.

Pardonnez, mon cher Dorval. La triſteſſe opiniâtre où je vous vois plongé, quand tout paroît feconder vos vœux ....

DORVAL,
(*bas, & avec amertume.*)

Oui, tout me réuſſit ſingulierement !

CLAIRVILLE.

Cette triſteſſe m'agite, me confond, & porte mon eſprit fur toutes fortes d'idées. Un peu plus de confiance de votre part, m'en épargneroit beaucoup de fauſſes.... Mon ami, vous n'avez jamais eu d'ouverture avec moi... Dorval ne connoît point ces doux épanchemens.... fon ame renfermée .... Mais enfin vous aurois-je compris ? Auriez-vous appréhendé que, privé par un fecond mariage de Conſtance de la moitié d'une fortune, à la vérité peu conſidérable, mais qu'on me croyoit aſſurée, je ne fuſſe plus aſſez riche pour épouſer Roſalie ?

DORVAL, (*triſtement.*)

La voilà, cette Roſalie ..... Clairville, ſongez à ſoutenir l'impreſſion que votre péril a dû faire ſur elle.

SCENE IV.

DORVAL, CLAIRVILLE, ROSALIE, JUSTINE.

CLAIRVILLE,
(*ſe hâtant d'aller au-devant de Roſalie.*)

EST-IL bien vrai que Roſalie ait craint de me perdre ? qu'elle ait tremblé pour ma vie ? Que l'inſtant où j'allois périr me ſeroit cher, s'il avoit rallumé dans ſon cœur une étincelle d'intérêt !

ROSALIE.

Il eſt vrai que votre imprudence m'a fait frémir.

CLAIRVILLE.

Que je ſuis fortuné !

(*Il veut baiſer la main de Roſalie, qui le retire.*)

ROSALIE.

Arrêtez , Monfieur. Je fens toute l'obliga-
tion que nous avons à Dorval. Mais je n'i-
gnore pas que , de quelque maniere que fe
terminent ces événemens pour un homme ,
les fuites en font toujours fâcheufes pour
une femme.

DORVAL.

Mademoifelle , le hafard nous engage , &
l'honneur a fes loix.

CLAIRVILLE.

Rofalie , je fuis au défefpoir de vous avoir
déplu. Mais n'accablez pas l'amant le plus
foumis & le plus tendre ; ou , fi vous l'avez
réfolu , du moins n'affligez pas davantage un
ami qui feroit heureux fans votre injuftice.
Dorval aime Conftance : il en eft aimé. Il par-
toit : une lettre furprife a tout découvert. . . . .
Rofalie , dites un mot , & nous allons tous être
unis d'un lien éternel , Dorval à Conftance ,
Clairville à Rofalie ; un mot , un mot ! & le
Ciel reverra ce féjour avec complaifance.

ROSALIE,
(tombant dans un fauteuil.)

Je me meurs.

DORVAL & CLAIRVILLE.

O Ciel ! elle fe meurt.

CLAIRVILLE,
(tombant aux genoux de Rofalie.)

DORVAL
(appelle les domeftiques.)

Charles, Sylveftre, Juftine.

JUSTINE,
(fecourant fa maitreffe.)

Vous voyez , Mademoifelle ..... Vous avez voulu fortir..... Je vous l'avois prédit.....

ROSALIE,
(revenant à elle , & fe levant , dit :

Allons , Juftine.

CLAIRVILLE
(veut lui donner le bras & la foutenir.)

Rofalie.....

ROSALIE.

Laiffez-moi..., Je vous hais,.... Laiffez moi , vous dis-je.

SCENE V.

DORVAL, CLAIRVILLE.

(*Clairville quitte Rosalie. Il est comme un fou. Il va, il vient, il s'arrête; il soupire de douleur, de fureur; il s'appuie les coudes sur le dos d'un fauteuil, la tête sur ses mains, & les poings dans les yeux. Le silence dure un moment. Enfin, il dit :*)

CLAIRVILLE.

EN est-ce assez ?.... Voilà donc le prix de mes inquiétudes ! Voilà le fruit de toute ma tendresse ! Laissez - moi. Je vous hais. Ah ! (*Il pousse l'accent inarticulé du désespoir; il se promene avec agitation, & il répete sous différentes sortes de déclamations violentes :* Laissez-moi, je vous hais. *Il se jette dans un fauteuil. Il y demeure un moment en silence. Puis il dit d'un ton sourd & bas :*) elle me hait !... & qu'ai-je fait, pour qu'elle me haïsse ? Je l'ai trop aimée. *Il se tait encore un moment. Il se leve. Il se promene. Il paroît s'être un peu tranquillisé. Il dit :*) Oui, je lui suis odieux.

Je

Je le vois. Je le sens. Dorval, vous êtes mon ami. Faut-il se détacher d'elle.... & mourir ? Parlez. Décidez de mon sort. (*Charles entre. Clairville se promene.*)

SCENE VI.

DORVAL, CLAIRVILLE, CHARLES.

CHARLES,

(*en tremblant, à Clairville, qu'il voit agité.*)

Monsieur....

CLAIRVILLE,

(*le regardant de côté :*)

Eh bien ?

CHARLES.

Il y a là-bas un inconnu qui demande à parler à quelqu'un.

CLAIRVILLE, (*brusquement.*)

Qu'il attende.

Tome I.   E

CHARLES,

(*toujours en tremblant , & fort bas :*)

C'eft un malheureux , & il y a long-tems qu'il attend.

CLAIRVILLE,
(*avec impatience.*)

Qu'il entre.

SCENE VII.

DORVAL, CLAIRVILLE, JUSTINE, CHARLES, SYLVESTRE, ANDRÉ;

Et les autres domeftiques de la maifon attirés par la curiofité, & diverfement répandus fur a fcene. Juftine arrive un peu plus tard que les autres.

CLAIRVILLE, (*un peu brufquement.*)

QUI êtes-vous, que voulez-vous ?

ANDRÉ.

Monfieur, je m'appelle André. Je fuis au fervice d'un honnête vieillard. J'ai été le com-

pagnon de ſes infortunes ; & je venois annoncer ſon retour à ſa fille.

C L A I R V I L L E.

A Roſalie ?

A N D R É.

Oui , Monſieur.

C L A I R V I L L E.

Encore des malheurs ! Où eſt votre maître ?
qu'en avez-vous fait ?

A N D R É.

Raſſurez-vous , Monſieur. Il vit. Il arrive.
Je vous inſtruirai de tout , ſi j'en ai la force,
& ſi vous avez la bonté de m'entendre.

C L A I R V I L L E.

Parlez.

A N D R É.

Nous ſommes partis , mon maître & moi,
ſur le vaiſſeau l'*Apparent* , de la Rade du Fort-
Royal , le ſix du mois de Juillet. Jamais mon
maître n'avoit eu plus de ſanté , ni montré
tant de joie. Tantôt le viſage tourné où les
vents ſembloient nous porter , il élevoit ſes
mains au Ciel , & lui demandoit un prompt
retour. Tantôt me regardant avec des yeux
remplis d'eſpérance : il me diſoit : « André ,

» encore quinze jours, & je verrai mes en-
» fans, & je les embrafferai, & je ferai heu-
» reux une fois du moins avant que de mou-
» rir ».

CLAIRVILLE,
(*touché, à Dorval.*)

Vous entendez. Il m'appelloit déja du
doux nom de fils. Eh bien, André ?

ANDRÉ.

Monfieur, que vous dirai-je ? Nous avions
eu la navigation la plus heureufe. Nous tou-
chions aux côtes de la France. Echappés aux
dangers de la mer, nous avons falué la terre
par mille cris de joie ; & nous nous embraf-
fions tous les uns les autres, Commandans,
Officiers, Paffagers, Matelots, lorfque nous
fommes approchés par des vaiffeaux qui nous
crient, *la paix, la paix* ; abordés à la faveur
de ces cris perfides, & faits prifonniers.

DORVAL & CLAIRVILLE,
(*en marquant leur furprife & leur douleur,
chacun par l'action qui convient à fon caractere.*)

Prifonniers !

ANDRÉ.

Que devint alors mon maître ? Des larmes
couloient de fes yeux. Il pouffoit de profonds

foupirs. Il tournoit fes regards , il étendoit
fes bras, fon ame fembloit s'élancer vers le
rivage d'où nous nous éloignions. Mais à
peine les eûmes-nous perdus de vue, que fes
yeux fe fécherent ; fon cœur fe ferra ; fa
vue s'attacha fur les eaux, il tomba dans une
douleur fombre & morne, qui me fit trem-
bler pour fa vie. Je lui préfentai plufieurs
fois du pain & de l'eau, qu'il repouffa.

(André s'arrête ici un moment pour pleurer.)

Cependant nous arrivons dans le port ennemi..... Difpenfez - moi de vous dire le
refte.... Non, je ne pourrai jamais.

CLAIRVILLE.

André, continuez.

ANDRÉ.

On me dépouille. On charge mon maître
de liens. Ce fut alors que je ne pus retenir
mes cris. Je l'appellai plufieurs fois : « Mon
» maître, mon cher maître »! Il m'entendit,
me regarda, laiffa tomber fes bras triftement, fe retourna, & fuivit, fans parler,
ceux qui l'environnoient .... Cependant on
me jette à moitié nud, dans le lieu le plus
profond d'un bâtiment, pêle-mêle, avec une
foule de malheureux, abandonnés impitoya-

blement dans la fange, aux extrémités terribles de la faim, de la soif & des maladies. Et pour vous peindre en un mot toute l'horreur du lieu, je vous dirai qu'en un inftant j'y entendis tous les accens de la douleur, toutes les voix du défefpoir; & que, de quelque côté que je regardaffe, je voyois mourir.

CLAIRVILLE.

Voilà donc ces peuples dont on vante la fageffe, qu'on nous propofe fans ceffe pour modeles ! C'eft ainfi qu'ils traitent les hommes !

DORVAL.

Combien l'efprit de cette Nation généreufe a changé !

ANDRÉ.

Il y avoit trois jours que j'étois confondu dans cet amas de morts & de mourans, tous François, tous victimes de la trahifon, lorfque j'en fus tiré. On me couvrit de lambeaux déchirés, & l'on me conduifit, avec quelques-uns de mes malheureux compagnons, dans la ville, à travers des rues pleines d'une populace effrénée qui nous accabloit d'imprécations & d'injures; tandis qu'un monde tout-à-fait différent que le tumulte avoit attiré aux fenêtres, faifoit pleuvoir fur nous l'argent & les fecours.

DORVAL.

Quel mélange incroyable d'humanité, de bienfaifance & de barbarie !

ANDRÉ.

Je ne favois fi l'on nous conduifoit à la liberté, ou fi l'on nous traînoit au fupplice.

CLAIRVILLE.

Et votre maître, André ?

ANDRÉ.

J'allois à lui ; c'étoit le premier des bons offices d'un ancien Correfpondant qu'il avoit informé de notre malheur. J'arrivai à une des prifons de la ville. On ouvrit les portes d'un cachot obfcur où je defcendis. Il y avoit déjà quelque tems que j'étois immobile dans ces ténebres, lorfque je fus frappé d'une voix mourante qui fe faifoit à peine entendre, & qui difoit en s'éteignant : « André, eft-ce » toi ? Il y a long-tems que je t'attends ». Je courus à l'endroit d'où venoit cette voix, & je rencontrai des bras nuds qui cherchoient dans l'obfcurité. Je les faifis. Je les baifai. Je les baignai de larmes. C'étoient ceux de mon maître.

(*Une petite pause.*)

Il étoit nud. Il étoit étendu sur la terre humide . . . . « Les malheureux qui sont ici, » me dit-il à voix basse, ont abusé de mon » âge & de ma foiblesse pour m'arracher le » pain, & pour m'ôter ma paille ».

(Ici tous les domestiques poussent un cri de douleur. Clairville ne peut plus contenir la sienne. Dorval fait signe à André de s'arrêter un moment. André s'arrête. Puis il continue en sanglottant :)

Cependant je me dépouille de mes lambeaux, & je les étends sous mon maître, qui bénissoit d'une voix expirante la bonté du Ciel . . . .

DORVAL,
(*bas, à part, & avec amertume.*)

qui le faisoit mourir dans le fond d'un cachot, sur les haillons de son valet !

ANDRÉ.

Je me souvins alors des aumônes que j'avois reçues. J'appellai du secours, & je ranimai mon vieux & respectable maître. Lorsqu'il eut un peu repris de ses forces : « André,

» me dit-il , aie bon courage. Tu fortiras
» d'ici. Pour moi , je fens , à ma foibleffe ,
» qu'il faut que j'y meure ». Alors je fentis
fes bras fe paffer autour de mon cou , fon
vifage s'approcher du mien , & fes pleurs
couler fur mes joues. « Mon ami , (me dit-il ,
» & ce fut ainfi qu'il m'appella fouvent,) tu
» vas recevoir mes derniers foupirs. Tu por-
» teras mes dernieres paroles à mes enfans.
» Hélas ! c'étoit de moi qu'ils devoient les
» entendre » !

CLAIRVILLE,
(regardant Dorval , & pleurant.)

Ses enfans !

ANDRÉ.

Il m'avoit dit pendant la traverfée , qu'il
étoit né François , qu'il ne s'appelloit point
Mérian ; qu'en s'éloignant de fa patrie , il
avoit quitté fon nom de famille pour des raifons que je faurois un jour. Hélas ! il ne
croyoit pas ce jour fi prochain ! Il foupiroit ,
& j'en allois apprendre davantage , lorfque
nous entendîmes notre cachot s'ouvrir. On
nous appella ; c'étoit cet ancien Correfpondant qui nous avoit réunis , & qui venoit nous
délivrer. Quelle fut fa douleur , lorfqu'il

jetta ſes regards ſur un vieillard qui ne lui
paroiſſoit plus qu'un cadavre palpitant. Des
larmes tomberent de ſes yeux. Il ſe dépouilla.
Il le couvrit de ſes vêtemens ; & nous allâ-
mes nous établir chez cet hôte , & y recevoir
toutes les marques poſſibles de l'humanité.
On eût dit que cette honnête famille rou-
giſſoit en ſecret de la cruauté & de l'injuſtice
de la nation.

DORVAL.

Rien n'humilie donc autant que l'injuſtice !

ANDRÉ,

(*s'eſſuyant les yeux , & reprenant un air tranquille.*)

Bientôt mon maître reprit de la ſanté &
des forces. On lui offrit des ſecours , & je
préſume qu'il en accepta ; car au ſortir de la
priſon , nous n'avions pas de quoi avoir un
morceau de pain.

Tout s'arrangea pour notre retour , & nous
étions prêts à partir , lorſque mon maître ,
me tirant à l'écart , (non , je ne l'oublierai de
ma vie !) , me dit : « André , n'as-tu plus
» rien à faire ici ? » Non , Monſieur , lui
répondis-je . . . . « Et nos compatriotes , que
» nous avons laiſſés dans la miſere d'où la

» bonté du Ciel nous a tirés, tu n'y penses
» donc plus ? Tiens, mon enfant, va leur
» dire adieu ». J'y courus. Hélas ! de tant de
misérables, il n'en restoit qu'un petit nombre,
si exténués, si proches de leur fin, que la
plûpart n'avoient pas la force de tendre la
main pour recevoir.

Voilà, Monsieur, tout le détail de notre
malheureux voyage.

*(On garde ici un assez long silence, après
lequel André dit ce qui suit. Cependant Dorval,
rêveur, se promene vers le fond du sallon.)*

J'ai laissé mon maître à Paris pour y prendre un peu de repos. Il s'étoit fait une
grande joie d'y retrouver un ami.

*(Ici Dorval se retourne du côté d'André, &
lui donne attention.)*

Mais cet ami est absent depuis plusieurs
mois ; & mon maître comptoit me suivre de
près.

(Dorval continue de se promener en rêvant.)

CLAIRVILLE.

Avez-vous vu Rosalie ?

ANDRÉ.

Non, Monsieur ; je ne lui apporte que de

la douleur, & je n'ai pas ofé paroître-devant elle.

CLAiRVILLE.

André, allez vous repofer. Sylveftre, je vous le recommande...... Qu'il ne lui manque rien.

(Tous les Domeftiques s'emparent d'André, & l'emmenent.)

SCENE VIII.

DORVAL, CLAIRVILLE.

Après un filence pendant lequel Dorval a refté immobile, la tête baiffée, l'air penfif, & les bras croifés, (c'eft affez fon attitude ordinaire : & Clairville s'eft promené avec agitation;) Clairville dit :)

CLAIRVILLE.

EH bien ! mon ami, ce jour n'eft-il pas fatal pour la probité ? & croyez-vous qu'à l'heure que je vous parle, il y ait un feul honnête-homme heureux fur la terre ?

DORVAL.

Vous voulez dire un feul méchant. Mais,

Clairville, laiſſons la morale. On en raiſonne
mal, quand on croit avoir à ſe plaindre du
Ciel..... Quels ſont maintenant vos deſ-
ſeins ?

CLAIRVILLE.

Vous voyez toute l'étendue de mon malheur. J'ai perdu le cœur de Roſalie. Hélas !
c'eſt le ſeul bien que je regrette !

Je n'oſe ſoupçonner que la médiocrité de
ma fortune ſoit la raiſon ſecrette de ſon in-
conſtance. Mais ſi cela eſt, à quelle diſtance
n'eſt-elle pas de moi, à préſent qu'elle eſt
réduite elle-même à une fortune aſſez bor-
née! S'expoſera-t-elle, pour un homme qu'elle
n'aime plus, à toutes les ſuites d'un état preſque indigent ? Moi-même, irai-je l'en ſolli-
citer ? Le puis-je ? Le dois-je ? Son pere va
devenir pour elle un ſurcroît onéreux. Il eſt
incertain qu'il veuille m'accorder ſa fille. Il eſt
preſque évident qu'en l'acceptant, j'ache-
verois de la ruiner. Voyez, & décidez.

DORVAL.

Cet André a jetté le trouble dans mon
ame. Si vous ſaviez les idées qui me ſont ve-
nues pendant ſon récit... Ce vieillard....
ſes diſcours...... ſon caractere..... ce
changement de nom..... Mais laiſſez-moi

diffiper un foupçon qui m'obfede , & penfez
à votre affaire.

CLAIRVILLE.

Songez , Dorval , que le fort de Clairville
eft entre vos mains.

SCENE IX.

DORVAL, feul.

QUEL jour d'amertume & de trouble !
Quelle variété de tourmens ! Il femble que
d'épaiffes ténèbres fe forment autour de moi ,
& couvrent ce cœur accablé fous mille fentimens douloureux ! .... O Ciel ! ne m'ac-
corderas-tu pas un moment de repos ! ... Le
menfonge, la diffimulation , me font en horreur ; & dans un inftant, j'en impofe à mon
ami , à fa fœur, à Rofalie.... Que doit-elle
penfer de moi ? .... Que déciderai-je de fon
amant ? .... Quel parti prendre avec Conftance ?.. Dorval, cefferas-tu , continueras-tu
d'être homme de bien ? .... Un événement
imprévu à ruiné Rofalie. Elle eft indigente.
Je fuis riche. Je l'aime. J'en fuis aimé. Clairville ne peut l'obtenir ..... Sortez de mon

esprit, éloignez-vous de mon cœur, illufions honteufes ! Je peux être le plus malheureux des hommes ; mais je ne me rendrai
pas le plus vil.... Vertu, douce & cruelle
idée ! Chers & barbares devoirs !...Amitié, qui
m'enchaînes & me déchires, vous ferez obéie.
O vertu, qu'es-tu, fi tu n'exiges aucun facrifice ? Amitié, tu n'es qu'un vain nom, fi tu
n'impofes aucune loi.... Clairville époufera
donc Rofalie !....

(*Il tombe prefque fans fentiment dans un
fauteuil ; il fe releve enfuite, & il dit :*)
Non, je n'enleverai point à mon ami fa maitreffe. Je ne me dégraderai point jufques-là.
Mon cœur m'en répond. Malheur à celui qui
n'écoute point la voix de fon cœur !... Mais
Clairville n'a point de fortune. Rofalie n'en
a plus.... Il faut écarter ces obftacles. Je le
puis. Je le veux. Y a-t-il quelque peine dont
un acte généreux ne] confole ? Ah ! je commence à refpirer !....

Si je n'époufe point Rofalie, qu'ai-je befoin
de fortune ? Quel plus digne ufage que d'en
difpofer en faveur de deux êtres qui me fon
chers ? Hélas ! à bien juger, ce facrifice fi
peu commun n'eft rien..... Clairville me
devra fon bonheur ! Rofalie me devra fon

bonheur ! Le pere de Rofalie me devra fon bonheur !...., Et Conftance ? Elle entendra de moi la vérité. Elle me connoîtra. Elle tremblera pour la femme qui oferoit s'attacher à ma deftinée .... En rendant le calme à tout ce qui m'environne, je trouverai fans doute un repos qui me fuit.,....

(*Il foupire.*)

Dorval, pourquoi fouffres-tu donc ? Pourquoi fuis-je déchiré ? O vertu ! n'ai-je point encore affez fait pour toi ?

Mais Rofalie ne voudra point accepter de moi fa fortune. Elle connoît trop le prix de cette grace pour l'accorder à un homme qu'elle doit haïr, méprifer.... Il faudra donc la tromper !...... Et fi je m'y réfous, comment y réuffir ?..... Prévenir l'arrivée de fon pere ?.... Faire répandre par les papiers publics, que le vaiffeau qui portoit fa fortune étoit affuré ?.... Lui envoyer par un inconnu la valeur de ce qu'elle a perdu ? Pourquoi non ?.... Le moyen eft naturel. Il me plaît. Il ne faut qu'un peu de célérité.

(*Il appelle Charles.*)

Charles !

(*Il fe met à une table, & il écrit.*)

SCENE

SCENE X.

DORVAL, CHARLES.

DORVAL.

(Il lui donne un billet ; & dit :)

A PARIS, chez mon banquier.

FIN DU TROISIEME ACTE.

ACTE IV.

SCENE PREMIERE.

ROSALIE, JUSTINE.

JUSTINE.

Eh bien ! Mademoiselle. Vous avez voulu voir André. Vous l'avez vu. Monsieur votre pere arrive ; mais vous voilà sans fortune.

ROSALIE, (*un mouchoir à la main*)

Que puis-je contre le fort ? Mon pere survit. Si la perte de fa fortune n'a pas altéré fa fanté , le refte n'eft rien.

JUSTINE

Comment , le refte n'eft rien ?

ROSALIE.

Non , Juftine. Je connoîtrai l'indigence. Il y a de plus grands maux.

JUSTINE.

Ne vous y trompez pas, Mademoiselle. Il
n'y en a point qui lasse plus vîte.

ROSALIE.

Avec des richeffes, ferois-je moins à plaindre ?.... C'eft dans une ame innocente &
tranquille que le bonheur habite ; & cette
ame, Juftine, je l'avois !

JUSTINE.

Et Clairville y regnoit.

ROSALIE, (*affife & pleurant.*)

Amant, qui m'étois alors fi cher ! Clairville,
que j'eftime & que je défefpere ! O toi, à
qui un bien moins digne a ravi toute ma tendreffe, te voilà bien vengé ! Je pleure, &
l'on fe rit de mes larmes.

Juftine, que penfes-tu de ce Dorval ?...
Le voilà donc, cet ami fi tendre, cet homme
fi vrai, ce mortel fi vertueux ! Il n'eft, comme
les autres, qu'un méchant qui fe joue de ce
qu'il y a de plus facré, l'amour, l'amitié, la
vertu, la vérité ! .... Que je plains Conftance ! Il m'a trompée. Il peut bien la tromper auffi . . . . . (*En fe levant.*)

Mais j'entends quelqu'un..... Juftine,
fi c'étoit lui !...

JUSTINE.

Mademoifelle, ce n'eſt perſonne.

ROSALIE.

(*Elle ſe raffied, & dit :*)

Qu'ils ſont méchans, ces hommes! & que nous ſommes ſimples!..... Vois, Juſtine, comme, dans le cœur, la vérité eſt à côté du parjure; comme l'élévation y touche à la baſſeſſe!..... Ce Dorval, qui expoſe ſa vie pour ſon ami, c'eſt le même qui le trompe, qui trompe ſa ſœur, qui ſe prend pour moi de tendreſſe. Mais pourquoi lui reprocher de la tendreſſe! C'eſt mon crime. Le ſien eſt une fauſſeté qui n'eut jamais d'exemple.

SCENE II.

ROSALIE, CONSTANCE.

ROSALIE,

(*allant au-devant de Conſtance.*)

AH! Madame, en quel état vous me ſurprenez!

CONSTANCE.

Je viens partager votre peine.

ROSALIE.

Puissiez-vous toujours être heureuse !

CONSTANCE

(s'assied , fait asseoir Rosalie à côté d'elle , &
lui prend les deux mains.)

Rosalie , je ne demande que la liberté de
m'affliger avec vous. J'ai long-tems éprouvé
l'incertitude des choses de la vie , & vous
savez si je vous aime !

ROSALIE.

Tout a changé. Tout s'est détruit en un
moment.

CONSTANCE.

Constance vous reste.... & Clairville.

ROSALIE.

Je ne peux m'éloigner trop tôt d'un séjour
où ma douleur est importune.

CONSTANCE.

Mon enfant , prenez garde. Le malheur
vous rend injuste & cruelle. Mais ce n'est
point à vous que j'en dois faire le reproche.
Dans le sein du bonheur , j'oubliai de vous
préparer aux revers. Heureuse , j'ai perdu
de vue les malheureux. J'en suis bien punie ;

F iij

c'eſt vous qui m'en rapprochez..... Maìs
votre pere?....

ROSALIE.

Je lui ai déja coûté bien des larmes!....
Madame, vous ferez mere un jour... Que
je vous plains!.....

CONSTANCE.

Roſalie, rappellez-vous la volonté de votre
tante. Ses dernieres paroles me confioient votre bonheur.... Mais ne parlons point de
mes droits; c'eſt une marque d'eſtime que
j'attends: jugez combien un refus pourroit
m'offenſer!.... Roſalie, ne détachez point
votre fort du mien. Vous connoiſſez Dorval. Il vous aime. Je lui demanderai Roſalie. Je l'obtiendrai; & ce gage ſera pour moi
le premier & le plus doux de ſa tendreſſe.

ROSALIE

(*dégage avec vivacité ſes mains de celles de*
Conſtance, ſe leve avec une ſorte d'indigna-
tion, & dit :)

Dorval!

CONSTANCE.

Vous avez toute ſon eſtime.

ROSALIE.

Un étranger !.... un inconnu !..... un homme qui n'a paru qu'un moment parmi nous !.... dont on n'a jamais nommé les parens !.,. dont la vertu peut être feinte !... Madame , pardonnez.... J'oubliois.... Vous le connoiffez bien , fans doute ?...

CONSTANCE.

Il faut vous pardonner. Vous êtes dans la nuit. Mais fouffrez que je vous faffe luire un rayon d'efpérance.

ROSALIE.

J'ai efpéré. J'ai été trompée. Je n'efpé-rerai plus.

CONSTANCE
(fourit triftement.)

ROSALIE.

Hélas ! fi Conftance eût été feule , retirée comme autrefois ; peut-être ... encore, n'eft-ce qu'une idée vaine qui nous auroit trom-pées toutes deux. Notre amie devient mal-heureufe. On craint de fe manquer à foi-même. Un premier mouvement de générofité nous emporte. Mais le tems ! le tems !.... Madame , les malheureux font fiers , impor-

tuns , ombrageux. On s'accoutume peu-à-peu
au spectacle de leur douleur., bientôt on s'en
lasse. Epargnons-nous des torts réciproques.
J'ai tout perdu ; sauvons du moins notre
amitié du naufrage . . . . . Il me semble que je
dois déja quelque chose à l'infortune . . . . .
Toujours soutenue de vos conseils , Rosalie
n'a rien fait encore dont elle puisse s'honorer
à ses propres yeux. Il est tems qu'elle apprenne ce dont elle sera capable , instruite
par Constance & par les malheurs. Lui en-
vieriez-vous le seul bien qui lui reste , celui
de se connoître elle-même ?

C O N S T A N C E.

Rosalie , vous êtes dans l'enthousiasme ;
méfiez-vous de cet état. Le premier effet du
malheur est de roidir une ame , le dernier est
de la briser . . . . Vous qui craignez tout du
tems pour vous & pour moi , n'en craignez-
vous rien pour vous seule ? . . . . Songez ,
Rosalie , que l infortune vous rend sacrée.
S'il m'arrivoit jamais de manquer de respect
au malheur ; rappellez-moi , dites-moi , faites-
moi rougir pour la premiere fois . . . . Mon
enfant , j'ai vécu. J'ai souffert. Je crois avoir
acquis le droit de présumer quelque chose de
moi ; cependant je ne vous demande que de

compter autant fur mon amitié, que fur votre
courage.... Si vous vous promettéz tout de
vous-même, & que vous n'attendiez rien de
Conftance, ne ferez-vous pas injufte ?.....
Mais les idées de bienfait & de reconnoiffance
vous effraieroient-elles ? Rendez votre tendreffe à mon frere, & c'eft moi qui vous devrai tout.

ROSALIE.

Madame, voilà Dorval... Permettez que
je m'éloigne... J'ajoûterois fi peu de chofe
à fon triomphe !

(*Dorval entre.*)

CONSTANCE.

Rofalie... Dorval, retenez cet enfant....
Mais elle nous échappe.

SCENE III.

CONSTANCE, DORVAL.

DORVAL.

MADAME, laiffons-lui le trifte plaifir
de s'affliger fans témoins.

CONSTANCE.

C'eſt à vous à changer ſon ſort. Dorval,
le jour de mon bonheur peut devenir le
commencement de ſon repos.

DORVAL.

Madame, ſouffrez que je vous parle libre-
ment; qu'en vous confiant ſes plus ſecrettes
penſées, Dorval s'efforce d'être digne de ce
que vous faiſiez pour lui, & que du moins il
ſoit plaint & regretté.

CONSTANCE.

Quoi, Dorval! Mais parlez.

DORVAL.

Je vais parler. Je vous le dois. Je le dois à
votre frere. Je me le dois à moi-même....
Vous voulez le bonheur de Dorval; mais
connoiſſez-vous bien Dorval?... De foibles
ſervices dont un jeune homme bien né s'eſt
exagéré le mérite; ſes tranſports à l'apparence de quelques vertus; ſa ſenſibilité pour
quelques-uns de mes malheurs; tout a pré-
paré & établi en vous des préjugés que la
vérité m'ordonne de détruire. L'eſprit de
Clairville eſt jeune; Conſtance doit porter de
moi d'autres jugemens. *(Une pauſe.)*

J'ai reçu du Ciel un cœur droit; c'est le
feul avantage qu'il ait voulu m'accorder....
Mais ce cœur est flétri, & je fuis, comme
vous voyez..... fombre & mélancolique.
J'ai.... de la vertu, mais elle est auftere;
des mœurs, mais fauvages..... une ame
tendre, mais aigrie par de longues difgraces.
Je peux encore verfer des larmes, mais elles
font rares & cruelles.... Non, un homme
de ce caractere n'est point l'époux qui convient à Conftance.

CONSTANCE.

Dorval, raffurez-vous. Lorfque mon cœur
céda aux impreffions de vos vertus, je vous
vis tel que vous vous peignez. Je reconnus le
malheur & fes effets terribles. Je vous plai-
gnis: & ma tendreffe commença peut-être
par ce fentiment.

DORVAL.

Le malheur a ceffé pour vous; il s'eft appe-
fanti fur moi.... Combien je fuis malheureux, & qu'il y a de tems! Abandonné pref-
qu'en naiffant entre le défert & la fociété;
quand j'ouvris les yeux, afin de reconnoître
les liens qui pouvoient m'attacher aux hommes, à peine en trouvai-je des débris. Il y

avoit trente ans, Madame, que j'errois parmi
eux, ifolé, inconnu, négligé, fans avoir
éprouvé la tendreffe de perfonne, ni rencon-
tré perfonne qui recherchât la mienne, lorfque votre frere vint à moi. Mon ame atten-
doit la fienne. Ce fut dans fon fein que je
verfai un torrent de fentiments qui cherchoient depuis fi long-tems à s'épancher; &
je n'imaginai pas qu'il pût y avoir dans ma
vie un moment plus doux que celui où je
me délivrai du long ennui d'exifter feul . . . .
Que j'ai payé cher cet inftant de bonheur ! . . .
Si vous faviez . . . . .

CONSTANCE.

Vous avez été malheureux; mais tout a
fon terme; & j'ofe croire que vous touchez
au moment d'une révolution durable & for-
tunée.

DORVAL.

Nous nous fommes affez éprouvés, le fort
& moi. Il ne s'agit plus de bonheur . . . . Je
hais le commerce des hommes, & je fens
que c'eft loin de ceux-mêmes qui me font
chers, que le repos m'attend . . . . . Madame,
puiffe le Ciel vous accorder fa faveur qu'il
me refufe, & rendre Conftance la plus heureufe des femmes ! . . . . (*Un peu attendri.*) Je

l'apprendrai peut-être dans ma retraite, &
j'en reffentirai de la joie.

CONSTANCE.

Dorval, vous vous trompez. Pour être
tranquille, il faut avoir l'approbation de fon
cœur, & peut-être celle des hommes. Vous
n'obtiendrez point celle-ci, & vous n'em-
porterez point la premiere, fi vous quittez
le pofte qui vous eft marqué. Vous avez
reçu les talens les plus rares, & vous en devez
compte à la fociété. Que cette foule d'êtres
inutiles qui s'y meuvent fans objet, & qui
l'embarraffent fans la fervir, s'en éloignent,
s'ils peuvent. Mais vous, j'ofe vous le dire,
vous ne le pouvez fans crime. C'eft à une
femme qui vous aime à vous arrêter parmi les
hommes. C'eft à Conftance à conferver à la
vertu opprimée un appui ; au vice arrogant
un fléau ; un frere à tous les gens de bien ; à
tant de malheureux un pere qu'ils attendent ;
au genre-humain fon ami ; à mille projets
honnêtes, utiles & grands, cet efprit libre
de préjugés, & cette ame forte qu'ils exi-
gent, & que vous avez .... Vous, renoncer
à la fociété ! J'en appelle à votre cœur, in-
interrogez-le, & il vous dira que l'homme

de bien eft dans la fociété ; & qu'il n'y a que
le méchant qui foit feul.

DORVAL.

Mais le malheur me fuit , & fe répand fur
tout ce qui m'approche. Le Ciel , qui veut
que je vive dans les ennuis , veut-il auffi que
j'y plonge les autres ? On étoit heureux ici ,
quand j'y vins.

CONSTANCE.

Le Ciel s'obfcurcit quelquefois ; & fi nous
fommes fous le nuage , un inftant l'a formé
ce nuage , un inftant le diffipera. Mais quoi
qu'il en arrive, l'homme fage refte à fa place ,
& y attend la fin de fes peines.

DORVAL.

Mais ne craindra-t-il pas de l'éloigner , en
multipliant les objets de fon attachement ? . . .
Conftance , je ne fuis point étranger à cette
pente fi générale & fi douce , qui entraîne
tous les êtres , & qui les porte à éternifer
leur efpece. J'ai fenti dans mon cœur que
l'univers ne feroit jamais pour moi qu'une
vafte folitude , fans une compagne qui parta-
geât mon bonheur & ma peine ... Dans ces
accès de mélancolie , je l'appellois , cette
compagne.

C O N S T A N C E.

Et le Ciel vous l'envoie.

D O R V A L.

Trop tard pour mon malheur. Il a effa-
rouché une ame simple, qui auroit été heureuse de ses moindres faveurs. Il l'a remplie
de craintes, de terreurs, d'une horreur se-
crette..... Dorval oseroit se charger du bonheur d'une femme !... Il seroit père !... Il
auroit des enfans !... Des enfans !... Quand
je pense que nous sommes jettés, tout en
naissant, dans un cahos de préjugés, d'extra-
vagances, de vices & de misere, l'idée m'en
fait frémir.

C O N S T A N C E.

Vous êtes obsédé de fantômes, & je n'en
suis pas étonnée. L'histoire de la vie est si
peu connue ; celle de la mort est si obscure ;
& l'apparence du mal dans l'univers est si
claire !... Dorval, vos enfans ne sont point
destinés à tomber dans le cahos que vous
redoutez. Ils passeront sous vos yeux les pre-
mieres années de leur vie, & c'en est assez
pour vous répondre de celles qui suivront.
Ils apprendront de vous à penser comme vous.
Vos passions, vos goûts, vos idées passeront

en eux. Ils tiendront de vous ces notions fi
juftes, que vous avez, de la grandeur & de
la baffeffe réelles; du bonheur véritable & de
la mifere apparente. Il ne dépendra que de
vous qu'ils aient une confcience toute fembla-
ble à la vôtre. Ils vous verront agir. Ils m'en-
tendront parler quelquefois....

(*En fouriant avec dignité, elle ajoûte :*)

Dorval, vos filles feront honnêtes & décen-
tes. Vos fils feront nobles & fiers. Tous vos
enfans feront charmans.

DORVAL

(*prend la main de Conftance, la preffe entre les*
deux fiennes, lui fourit d'un air touché, &
lui dit : ....)

Si par malheur Conftance fe trompoit....
fi j'avois des enfans, comme j'en vois tant
d'autres, malheureux & méchans... je me
connois. J'en mourrois de douleur.

CONSTANCE,

(*d'un ton pathétique, & d'un air pénétré.*)

Mais auriez-vous cette crainte, fi vous
penfiez que l'effet de la vertu fur notre ame
n'eft ni moins néceffaire, ni moins puiffant
que celui de la beauté fur nos fens. Qu'il eft
dans

dans le cœur de l'homme un goût de l'ordre,
plus ancien qu'aucun ressentiment réfléchi ;
que c'est ce goût qui nous rend sensibles à la
honte ; la honte qui nous fait redouter le
mépris au-delà même du trépas ; que l'imita-
tion nous est naturelle, & qu'il n'y a point
d'exemple qui captive plus fortement que
celui de la vertu, pas même l'exemple du
vice..... Ah ! Dorval, combien de moyens
de rendre les hommes bons !..

DORVAL.

Oui, si nous savions en faire usage.....
Mais je veux qu'avec des soins assidus, se-
condés d'heureux naturels, vous puissiez les
garantir du vice ; en seront-ils beaucoup
moins à plaindre ? Comment écarterez-vous
d'eux la terreur & les préjugés qui les attendent à l'entrée dans ce monde, & qui les
suivront jusqu'au tombeau ? La folie & la
misère de l'homme m'épouvantent. Combien
d'opinions monstrueuses dont il est, tour-à-
tour, & l'auteur, & la victime ! Ah ! Constance, qui ne trembleroit d'augmenter le nombre de ces malheureux, qu'on a comparés à
des forçats qu'on voit dans un cachot funeste,

> Pouvant se secourir, l'un sur l'autre acharnés,
> Combattre avec les fers dont ils sont enchaînés ?

CONSTANCE.

Je connois les maux que le fanatifme a
caufés , & ceux qu'il en faut craindre......
Mais s'il paroiffoit aujourd'hui..... parmi
nous.... un monftre , tel qu'il en a produit
dans les tems de ténebres , où fa fureur &
fes illufions arrofoient de fang cette terre....
qu'on vît ce monftre s'avancer au plus grand
des crimes , en invoquant le fecours du
Ciel.... & , tenant la loi de fon Dieu d'une
main , & de l'autre un poignard , préparer
aux peuples de longs regrets..... croyez,
Dorval , qu'on en auroit autant d'étonnement que d'horreur.... Il y a fans doute encore des barbares ; & quand n'y en aura-t-il
plus ? Mais les tems de barbarie font paffés.
Le fiécle s'eft éclairé. La raifon s'eft épurée.
Ses préceptes rempliffent les ouvrages de la
nation. Ceux où l'on infpire aux hommes la
bienveillance générale , font prefque les feuls
qui foient lus. Voilà les leçons dont nos
théâtres retentiffent , & dont ils ne peuvent
retentir trop fouvent. Et le Philofophe , dont
vous m'avez rappellé les vers , doit principa-
lement fes fuccès aux fentimens d'humanité
qu'il a répandus dans fes Poëmes ; & au pou-

voir qu'ils ont fur nos ames. Non, Dorval, un peuple qui vient s'attendrir tous les jours fur la vertu malheureuse, ne peut être ni méchant, ni farouche. C'eft vous-même ; ce font les hommes qui vous reffemblent, que la Nation honore, & que le Gouvernement doit protéger plus que jamais, qui affranchiront vos enfans de cette chaîne terrible dont votre mélancolie vous montre leurs mains innocentes chargées.

Et quel fera mon devoir & le vôtre ; finon de les accoutumer à n'admirer, même dans l'Auteur de toutes chofes, que les qualités qu'ils chériront en nous ? Nous leur préfenterons fans ceffe que les loix de l'humanité font immuables, que rien n'en peut difpenfer, & nous verrons germer dans leurs ames ce fentiment de bienfaifance univerfelle qui embraffe toute la nature.... Vous m'avez dit cent fois qu'une ame tendre n'envifageoit point le fyftême général des êtres fenfibles, fans en defirer fortement le bonheur, fans y participer ; & je ne crains pas qu'une ame cruelle foit jamais formée dans mon fein & de votre fang.

DORVAL.

Conftance, une famille demande une

grande fortune , & je ne vous cacherai pas
que la mienne vient d'être réduite à la moitié.

CONSTANCE.

Les besoins réels ont des limites ; ceux de
la fantaisie sont sans bornes. Quelque fortune
que vous accumuliez , Dorval , si la vertu
manque à vos enfans , ils seront toujours
pauvres.

DORVAL.

La vertu ! on en parle beaucoup.

CONSTANCE.

C'est la chose dans l'univers la mieux connue & la plus révérée. Mais , Dorval , on s'y
attache plus encore par les sacrifices qu'on
lui fait , que par les charmes qu'on lui croit ;
& malheur à celui qui ne lui a pas assez sacrifié pour la préférer à tout , ne vivre , ne
respirer que pour elle , s'enivrer de sa douce
vapeur , & trouver la fin de ses jours dans
cette ivresse !

DORVAL.

Quelle femme !

*(Il est étonné. Il garde le silence un moment. Il
dit ensuite :)*

Femme adorable & cruelle , à quoi me

réduifez-vous ? Vous m'arrachez le myftere
de ma naiffance. Sachez donc qu'à peine ai-je
connu ma mere. Une jeune infortunée, trop
tendre, trop fenfible, me donna la vie, &
mourut peu de tems après. Ses parens, irrités
& puiffans, avoient forcé mon pere de paffer
aux Ifles. Il y apprit la mort de ma mere, au
moment où il pouvoit fe flatter de devenir
fon époux. Privé de cet efpoir, il s'y fixa ;
mais il n'oublia point l'enfant qu'il avoit eu
d'une femme chérie. Conftance, je fuis cet
enfant..... Mon pere a fait plufieurs voyages
en France. Je l'ai vu. J'efpérois le revoir encore, mais je ne l'efpere plus. Vous voyez ;
ma naiffance eft abjecte aux yeux des hommes, & ma fortune a difparu.

C O N S T A N C E.

La naiffance nous eft donnée ; mais nos
vertus font à nous. Pour ces richeffes toujours embarraffantes & fouvent dangereufes,
le Ciel, en les répandant indifféremment fur
la furface de la terre, & les faifant tomber
fans diftinction fur le bon & fur le méchant,
dicte lui-même le jugement qu'on en doit
porter. Naiffance, dignités, fortune, gran-
deurs, le méchant peut tout avoir, excepté
la faveur du Ciel.

Voilà ce qu'un peu de raison m'avoit appris, long-tems avant qu'on m'eût confié vos fécrets; & il ne me reftoit à favoir que le jour de mon bonheur & de ma gloire.

DORVAL.

Rofalie eft malheureufe. Clairville eft au défefpoir.

CONSTANCE.

Je rougis du reproche. Dorval, voyez mon frere. Je reverrai Rofalie ; fans doute, c'eft à nous à rapprocher ces deux êtres, fi dignes d'être unis. Si nous y réuffiffons, j'ofe efpérer qu'il ne manquera plus rien à nos vœux.

SCENE IV.

DORVAL, *feul.*

VOILA la femme par qui Rofalie a été élevée ! Voilà les principes qu'elle a reçus !

SCENE V.

DORVAL, CLAIRVILLE.

CLAIRVILLE.

DORVAL, que deviens-je, qu'avez-vous résolu de moi ?

DORVAL.

Que vous vous attachiez plus fortement que jamais à Rosalie.

CLAIRVILLE.

Vous me le conseillez ?

DORVAL.

Je vous le conseille.

CLAIRVILLE, (*en lui sautant au cou.*)

Ah ! mon ami, vous me rendez la vie. Je vous la dois deux fois en un jour. Je venois en tremblant apprendre mon sort. Combien j'ai souffert depuis que je vous ai quitté ! Jamais je n'ai si bien connu que j'étois destiné à l'aimer, toute injuste qu'elle est. Dans un instant de désespoir, on forme un projet

violent ; mais l'inftant paffe , le projet fe
diffipe , & la paffion refte.

DORVAL, (en fouriant.)

Je favois tout cela. Mais votre peu de
fortune ? la médiocrité de la fienne ?

CLAIRVILLE.

L'état le plus miférable à mes yeux , eft de
vivre fans Rofalie. J'y ai penfé , & mon parti
eft pris. S'il eft permis de fupporter impa-
tiemment l'indigence , c'eft aux amans , aux
peres de famille , à tous les hommes bien-
faifans ; & il eft toujours des voies pour en
fortir.

DORVAL.

Que ferez-vous ?

CLAIRVILLE.

Je commercerai.

DORVAL.

Avec le nom que vous portez , auriez-vous
ce courage ?

CLAIRVILLE.

Qu'appellez-vous courage ? Je n'en trouve
point à cela. Avec une ame fiere , un caractere
inflexible , il eft trop incertain que j'obtienne
de la faveur , la fortune dont j'ai befoin.

Celle qu'on fait par l'intrigue eſt prompte, mais vile ; par les armes, glorieuſe, mais lente ; par les talens, toujours difficile & médiocre. Il eſt d'autres états qui menent rapidement à la richeſſe ; mais le Commerce eſt preſque le ſeul où les grandes fortunes ſoient proportionnées au travail, à l'induſtrie & aux dangers qui les rendent honnêtes. Je commercerai, vous dis-je ; il ne me manque que des lumieres & des expédiens, & j'eſpere les trouver en vous.

D.ORVAL

Vous penſez juſte. Je vois que l'amour eſt ſans préjugé. Mais ne ſongez qu'à fléchir Roſalie, & vous n'aurez point à changer d'état. Si le vaiſſeau qui portoit ſa fortune eſt tombé entre les mains des ennemis, il étoit aſſuré, & la perte n'eſt rien. La nouvelle en eſt dans les papiers publics, & je vous conſeille de l'annoncer à Roſalie.

CLAIRVILLE.

J'y cours.

SCENE VI.

DORVAL, CHARLES, (*encore botté.*)

DORVAL. (*Il se promene.*)

IL ne la fléchira point.... Non.... Mais
pourquoi, si je veux?.... Un exemple d'honnêteté, de courage.... un dernier effort sur
moi-même.... sur elle....

CHARLES

(*entre & reste debout sans mot dire, jusqu'à ce
que son maître l'apperçoive. Alors il dit :*)

Monsieur, j'ai fait remettre à Rosalie.

DORVAL.

J'entends.

CHARLES.

En voilà la preuve.
(*Il donne à son maître le reçu de Rosalie.*)

DORVAL.

Il suffit.

(*Charles sort. Dorval se promene encore, &
après une courte pause, il dit :*)

SCENE VII.

DORVAL, *seul.*

J'AURAI donc tout sacrifié. La fortune :
(*Il répete avec dédain :*)
la fortune ! ma passion ! la liberté.... Mais
le sacrifice de ma liberté est-il bien résolu !....
O raison ! qui peut te résister, quand tu prends
l'accent enchanteur & la voix de la femme ?....
Homme petit & borné, assez simple pour
imaginer que tes erreurs & ton infortune sont
de quelque importance dans l'univers ; qu'un
concours de hasards infinis préparoit de tout
tems ton malheur ; que ton attachement à un
être, mene la chaîne de sa destinée : viens
entendre Constance ; & reconnois la vanité
de tes pensées..... Ah ! si je pouvois trouver en moi la force de sens & la supériorité
de lumieres avec laquelle cette femme s'em-
paroit de mon ame & la dominoit, je verrois
Rosalie, elle m'entendroit, & Clairville seroit heureux..... Mais pourquoi n'obtien-
drois-je pas sur cette ame tendre & fléxible,
le même ascendant que Constance a su pren-

dre fur moi ? Depuis quand la vertu a-t-elle
perdu fon empire?... Voyons-la ; parlons-
lui , & efpérons tout de la vérité de fon caractere , & du fentiment qui m'anime. C'eſt
moi qui ai égaré fes pas innocens ; c'eſt moi
qui l'ai plongée dans la douleur & dans l'abat-
tement ; c'eſt à moi à lui tendre la main ; &
à la ramener dans la voie du bonheur.

FIN DU QUATRIEME ACTE.

ACTE V.

SCENE PREMIERE.

ROSALIE, JUSTINE.

ROSALIE,

(sombre, se promene ou reste immobile, sans attention pour ce que Justine lui dit.)

JUSTINE.

Votre pere échappe à mille dangers ; votre fortune est réparée ; vous devenez maitresse de votre sort ; & rien ne vous touche ! En vérité, Mademoiselle, vous ne méritez gueres le bien qui vous arrive.

ROSALIE.

.... Un lien éternel va les unir !... Justine, André est-il instruit ? Est-il parti ? Revient-il ?

JUSTINE.

Mademoiselle, qu'allez-vous faire ?

ROSALIE.

Ma volonté..... Non, mon pere n'entrera point dans cette maison fatale !.... Je ne ferai point le témoin de leur joie..... J'échapperai du moins à des amitiés qui me tuent.

SCENE II.

ROSALIE, JUSTINE, CLAIRVILLE.

CLAIRVILLE.

(Il arrive précipitamment ; & tout en approchant de Rosalie, il se jette à ses genoux, & lui dit :)

Eh bien ! cruelle, ôtez-moi donc la vie ! Je sais tout. André m'a tout dit. Vous éloignez d'ici votre pere. Et de qui l'éloignez-vous ? D'un homme qui vous adore, qui quittoit sans regret son pays, sa famille, ses amis, pour traverser les mers, pour aller se jetter aux genoux de vos inflexibles parens, y mourir ou vous obtenir.... Alors Rosa-

lie, tendre, sensible, fidelle, partageoit mes
ennuis; aujourd'hui, c'est-elle qui les cause.

ROSALIE,
(émue & un peu déconcertée.)

Cet André est un imprudent. Je ne voulois pas que vous sussiez mon projet.

CLAIRVILLE.

Vous vouliez me tromper !

ROSALIE, (vivement.)

Je n'ai jamais trompé personne.

CLAIRVILLE.

Dites-moi donc pourquoi vous ne m'aimez
plus ? M'ôter votre cœur, c'est me condamner à mourir. Vous voulez ma mort. Vous
la voulez. Je le vois.

ROSALIE.

Non, Clairville. Je voudrois bien que
vous fussiez heureux.

CLAIRVILLE.

Et vous m'abandonnez !

ROSALIE.

Mais ne pourriez-vous pas être heureux
sans moi ?

CLAIRVILLE.

Vous me percez le cœur.....

(*Il eſt toujours aux genoux de Roſalie : en
diſant ces mots, il tombe la tête appuyée contre
elle, & garde un moment le ſilence.*)

Vous ne déviez jamais changer !..... Vous
le jurâtes !... Inſenſé que j'étois, je vous
crus.... Ah, Roſalie ! cette foi donnée &
reçue chaque jour avec de nouveaux tranſports, qu'eſt-elle devenue ? Que ſont deve-
nus vos ſermens ?...., Mon cœur, fait pour
recevoir & garder éternellement l'impreſſion
de vos vertus & de vos charmes, n'a rien
perdu de ſes ſentimens ; il ne vous reſte rien
des vôtres..... Qu'ai-je fait pour qu'ils ſe
ſoient détruits ?

ROSALIE.

Rien.

CLAIRVILLE.

Et pourquoi donc ne ſont-ils plus, ni ces
inſtant ſi doux, où je liſois mes ſentimens
dans vos yeux ?.... Où ces mains (*il en
prend une.*) daignoient eſſuyer mes larmes,
ces larmes, tantôt ameres, tantôt délicieuſes,
que la crainte & la tendreſſe faiſoient couler
tour-à-tour.... Roſalie ! ne me déſeſpérez
pas.... par pitié pour vous-même, Vous ne
                                    connoiſſez

connoissez pas votre cœur. Non, vous ne le connoissez pas. Vous ne savez pas tout le chagrin que vous vous préparez.

ROSALIE.

J'en ai déja beaucoup souffert.

CLAIRVILLE.

Je laisserai au fond de votre ame une image terrible qui y entretiendra le trouble & la douleur. Votre injustice vous suivra.

ROSALIE.

Clairville, ne m'effrayez pas.
(*En le regardant fixement.*)
Que voulez-vous de moi ?

CLAIRVILLE.

Vous fléchir ou mourir.

ROSALIE, (*après une pause.*)

Dorval est votre ami ?

CLAIRVILLE.

Il fait ma peine. Il la partage.

ROSALIE.

Il vous trompe.

CLAIRVILLE.

Je périssois par vos rigueurs. Ses conseils

Tome I.   H

m'ont confervé. Sans Dorval, je ne ferois
plus.

ROSALIE.

Il vous trompe, vous dis-je; c'eft un méchant.

CLAIRVILLE.

Dorval, un méchant! Rofalie, y penfez-
vous? Il eſt au monde deux êtres que je porte
au fond de mon cœur; c'eſt Dorval & Rofalie. Les attaquer dans cet afyle, c'eſt me
caufer une peine mortelle. Dorval un méchant! C'eſt Rofalie qui le dit! Elle!... Il
ne lui reſtoit plus, pour m'accabler, que d'ac-
cufer mon ami!

(*Dorval entre.*)

SCENE III.

ROSALIE, JUSTINE, CLAIRVILLE, DORVAL.

CLAIRVILLE.

Venez, mon ami. Venez. Cette Rofalie,
autrefois fi fenfible, maintenant fi cruelle,
vous accufe fans fujet, & me condamne à un

déſeſpoir ſans fin ; moi , qui mourrois plutôt
que de lui cauſer la peine la plus légere.

(Cela dit , il cache ſes larmes ; il s'éloigne ,
& il va ſe mettre ſur un canapé au fond du
ſallon , dans l'attitude d'un homme déſolé.)

DORVAL,
(montrant Clairville à Roſalie , lui dit :)

Mademoiſelle , conſidérez votre ouvrage
& le mien. Eſt-ce là le ſort qu'il devroit attendre de nous ? Un déſeſpoir funeſte ſera donc
le fruit amer de mon amitié & de votre tendreſſe , & nous le laiſſerons périr ainſi !

(Clairville ſe leve, & s'en va comme un homme
qui erre. Roſalie le ſuit des yeux ; & Dorval ,
après avoir un peu rêvé , continue d'un ton
bas, ſans regarder Roſalie :)

S'il s'afflige, c'eſt du moins ſans contrainte.
Son ame honnête peut montrer toute ſa douleur..... Et nous , honteux de nos ſentimens , nous n'oſons les confier à perſonne ;
nous nous les cachons... Dorval & Roſalie ,
contens d'échapper aux ſoupçons , ſont peut-
être aſſez vils pour s'en applaudir en ſecret....

(Ici il ſe tourne ſubitement vers Roſalie.)

Ah ! Mademoiſelle , ſommes-nous faits pour

tant d'humiliation ? Voudrons-nous plus long-tems d'une vie aussi abjecte ? Pour moi, je ne pourrois me souffrir parmi les hommes, s'il y avoit, sur tout l'espace qu'ils habitent, un seul endroit où j'eusse mérité le mépris.

Echappé au danger, je viens à votre secours. Il faut que je vous replace au rang où je vous ai trouvée, ou que je meure de regret.

(Il s'arrête un peu, puis il dit :)

Rosalie, répondez-moi. La vertu a-t-elle pour vous quelque prix ? L'aimez-vous encore?

ROSALIE.

Elle m'est plus chere que la vie.

DORVAL.

Je vais donc vous parler du seul moyen de vous reconcilier avec vous, d'être digne de la société dans laquelle vous vivez, d'être appellée l'éleve & l'amie de Constance, & d'être l'objet du respect & de la tendresse de Clairville.

ROSALIE.

Parlez. Je vous écoute.

(Rosalie s'appuie sur le dos d'un fauteuil, la tête penchée sur une main, & Dorval continue :)

Songez, Mademoiselle, qu'une seule idée
fâcheuse qui nous fuit, suffit pour anéantir
le bonheur ; & que la conscience d'une mau-
vaise action est la plus fâcheuse de toutes
les idées. (*Vivement & rapidement.*) Quand
nous avons commis le mal, il ne nous quitte
plus ; il s'établit au fond de notre ame avec
la honte & le remords ; nous le portons avec
nous, & il nous tourmente.

Si vous suivez un penchant injuste, il y a
des regards qu'il faut éviter pour jamais ; &
ces regards font ceux des deux personnes que
nous révérons le plus sur la terre. Il faut s'é-
loigner, fuir devant eux, & marcher dans
le monde la tête baissée.

(*Rosalie soupire.*)

Et loin de Clairville & de Constance, où
irions-nous ? que deviendrions-nous ? quelle
feroit notre société ?..... Être méchant,
c'est se condamner à vivre, à se plaire avec
les méchans ; c'est vouloir demeurer confondu dans une foule d'êtres sans principes,
sans mœurs & sans caractere ; vivre dans un
mensonge continuel d'une vie incertaine &
troublée ; louer, en rougissant, la vertu qu'on
a abandonnée ; entendre dans la bouche des
autres le blâme des actions qu'on a faites ;

chercher le repos dans des systèmes que le
souffle d'un homme de bien renverse ; se
fermer pour toujours la source des véritables
joies , des seules qui soient honnêtes , auste-
res & sublimes ; & se livrer , pour fuir , à
l'ennui de tous ces amusemens frivoles où
le jour s'écoule dans l'oubli de soi-même ,
& où la vie s'échappe & se perd.... Rosalie , je n'exagere point. Lorsque le fil du la-
byrinthe se rompt , on n'est plus maître de
son sort ; on ne sait jusqu'où l'on peut s'é-
garer.

Vous êtes effrayée ! & vous ne connoissez
encore qu'une partie de votre péril.

Rosalie , vous avez été sur le point de
perdre le plus grand bien qu'une femme puisse
posséder sur la terre ; un bien qu'elle doit in-
cessamment demander au Ciel qui en est avare :
un époux vertueux. Vous alliez marquer par
une injustice le jour le plus plus solemnel de
votre vie , & vous condamner à rougir au
souvenir d'un instant qu'on ne doit se rappel-
ler qu'avec un sentiment délicieux ..... Songez qu'au pied de ces autels où vous auriez
reçu mes sermens , où j'aurois exigé les vôtres , l'idée de Clairville trahi & désespéré
vous auroit suivie. Vous eussiez vu le regard

févere de Conftance attaché fur vous. Voilà
quels auroient été les témoins effrayans de
notre union,.... Et ce mot fi doux à pro-
nonter & à entendre, lorfqu'il affure & qu'il
comble le bonheur de deux êtres dont l'innocence & la vertu confacroient les defirs ;
ce mot fatal eût fcellé pour jamais notre injuftice & notre malheur..... Oui, Mademoifelle, pour jamais. L'ivreffe paffe. On fe
voit tels qu'on eft. On fe méprife. On s'accufe, & la mifere commence.

(*Il échappe ici à Rofalie quelques larmes qu'elle*
effuie furtivement.)

En effet, quelle confiance avoir en une
femme, lorfqu'elle a pu trahir fon amant ?
en un homme, lorfqu'il a pu tromper fon
ami?... Mademoifelle, il faut que celui qui ofe
s'engager en des liens indiffolubles, voye dans
fa compagne la premiere des femmes ; &,
malgré elle, Rofalie ne verroit en moi que
le dernier des hommes..... Cela ne peut
être,.... Je ne faurois trop refpecter la mere
de mes enfans ; & je ne faurois en être trop
confidéré.

Vous rougiffez. Vous baiffez les yeux...
Quoi donc ? Seriez-vous offenfée qu'il y eût
dans la nature quelque chofe pour moi de

plus facré que vous ? Voudriez-vous me revoir encore dans ces inftans humilians & cruels, où vous me méprifiez fans doute, où je me haïffois, où je craignois de vous rencontrer, où vous trembliez de m'entendre, & où nos ames flottantes entre le vice & la vertu, étoient déchirées ?...

Que nous avons été malheureux, Mademoifelle ! Mais mon malheur a ceffé au moment où j'ai commencé d'être jufte. J'ai remporté fur moi la victoire la plus difficile, mais la plus entiere. Je fuis rentré dans mon caractere. Rofalie ne m'eft plus redoutable ; & je pourrois fans crainte lui avouer tout le défordre qu'elle avoit jetté dans mon ame, lorfque, dans le plus grand trouble de fentimens & d'idées qu'aucun mortel ait jamais éprouvé, je répondois.... Mais un événement imprévu, l'erreur de Conftance, la vôtre, mes efforts m'ont affranchi..... Je fuis libre....

(*A ces mots, Rofalie paroît accablée. Dorval, qui s'en apperçoit, fe tourne vers elle ; &, la regardant d'un air plus doux, il continue :*)

Mais qu'ai-je exécuté que Rofalie ne le puiffe mille fois plus facilement ? Son cœur

eſt fait pour ſentir, ſon eſprit pour penſer,
ſa bouche pour annoncer tout ce qui eſt honnête. Si j'avois différé d'un inſtant, j'aurois
entendu de Roſalie tout ce qu'elle vient d'entendre de moi. Je l'aurois écoutée. Je l'aurois
regardée comme une divinité bienfaiſante qui
me tendoit la main, & qui raſſuroit mes pas
chancelans. A ſa voix, la vertu ſe feroit allu-
mée dans mon cœur.

ROSALIE, (*d'une voix tremblante.*)

Dorval!.....

DORVAL, (*avec humanité.*)

Roſalie !

ROSALIE.

Que faut-il que je faſſe ?

DORVAL.

Nous avons placé l'eſtime de nous-mêmes
à un haut prix.

ROSALIE.

Eſt-ce mon déſeſpoir que vous voulez ?

DORVAL.

Non. Mais il eſt des occaſions où il n'y a
qu'une action forte qui nous releve.

ROSALIE.

Je vous entends. Vous êtes mon ami......

Oui, j'en aurai le courage.... Je brûle de voir
Conſtance..... Je ſais enfin où le bonheur
m'attend.

DORVAL.

Ah ! Roſalie, je vous reconnois. C'eſt
vous, mais plus belle, plus touchante à mes
yeux que jamais ! Vous voilà digne de l'amitié de Conſtance, de la tendreſſe de Clairville, & de toute mon eſtime ; car j'oſe à
préſent me nommer.

SCENE IV.

ROSALIE, JUSTINE, DORVAL,
CONSTANCE.

ROSALIE
(court au-devant de Conſtance.)

Venez, Conſtance. Venez recevoir, de
la main de votre pupille, le ſeul mortel qui
ſoit digne de vous.

CONSTANCE.

Et vous, Mademoiſelle, courez embraſ-
ſer votre pere. Le voilà.

SCENE V & DERNIERE.

ROSALIE , JUSTINE , DORVAL , CONSTANCE, *le vieux* LYSIMOND, *tenu fous les bras par* CLAIRVILLE & *par* ANDRÉ , CHARLES , SYLVES-TRE , *toute la maifon.*

R O S A L I E.

Mon pere !

D O R V A L

Ciel ! que vois-je ? C'eft Lyfimond ! C'eft mon pere !

L Y S I M O N D.

Oui , mon fils. Oui , c'eft moi. (*A Dorval & à Rofalie.*) Approchez , mes enfans, que je vous embraffe...... Ah , ma fille ! Ah , mon fils !.... (*Il les regarde.*) Du moins je les ai vus.... (*Dorval & Rofalie font étonnés. Lyfimond s'en apperçoit.*) Mon fils , voilà ta fœur..... Ma fille , voilà ton frere....

R O S A L I E.

Mon frere !

D O R V A L.

Ma fœur !

R O S A L I E.

Dorval !

D O R V A L.

Rofalie !

(*Ces mots fe difent avec toute la viteffe de la furprife, & fe font entendre prefque au même inftant.*)

LYSIMOND. (*Il est assis.*)

Oui, mes enfans ; vous saurez tout.....
Approchez, que je vous embrasse encore...(*Il
leve ses mains au Ciel.*) Que le Ciel, qui me rend
à vous, qui vous rend à moi, vous bénisse.....
qu'il nous bénisse tous... (*à Clairville.*) Clairville ; (*à Constance.*) Madame, pardonnez à
un pere qui retrouve ses enfans. Je les croyois
perdus pour moi.... Je me suis dit cent fois :
Je ne les reverrai jamais. Ils ne me reverront
plus. Peut-être, hélas ! ils s'ignoreront toujours !... Quand je partis, ma chere Rosalie,
mon espérance la plus douce étoit de te montrer un fils digne de moi, un frere digne de
toute ta tendresse, qui te servît d'appui quand
je ne serai plus.... & , mon enfant, ce sera
bientôt.... Mais, mes enfans, pourquoi ne
vois-je point encore sur vos visages ces transports que je m'étois promis ? .... Mon âge,
mes infirmités, ma mort prochaine vous
affligent... Ah ! mes enfans, j'ai tant travaillé,
tant souffert !... Dorval, Rosalie ! (*En disant
ces mots, le vieillard tient ses bras étendus
vers ses enfans, qu'il regarde alternativement,
& qu'il invite à se reconnoître.*)

(*Dorval & Rosalie se regardent, tombent
dans les bras l'un de l'autre, & vont ensemble
embrasser les genoux de leur pere en s'écriant :*)

DORVAL, ROSALIE.

Ah , mon pere !

LYSIMOND,

(leur impofant fes mains , & levant les yeux au Ciel , dit :)

O Ciel ! je te rends graces ! mes enfans fe font vus ; ils s'aimeront, je l'efpere , & je mourrai content.... Clairville, Rofalie vous étoit chere.... Rofalie, tu aimois Clairville. Tu l'aimes toujours. Approchez que je vous uniffe.

(Clairville , fans ofer approcher , fe contente de tendre les bras à Rofalie , avec tout le mou-vement du defir & de la paffion. Il attend. Ro-falie le regarde un inftant & s'avance. Clairville fe précipite , & Lyfimond les unit.)

ROSALIE, *(en interrogation.)*

Mon pere ?....

LYSIMOND.

Mon enfant ?.....

ROSALIE.

Conftance.... Dorval.... ils font dignes l'un de l'autre.

LYSIMOND, *(à Conftance & à Dorval.)*

Je t'entends. Venez , mes chers enfans. Venez. Vous doublez mon bonheur.

(Conftance & Dorval s'approchent grave-

ment de Lyſimond. Le bon vieillard prend la
main de Conſtance , la baiſe , & lui préſente
celle de ſon fils , que Conſtance reçoit.)

LYSIMOND,
(*pleurant & s'eſſuyant les yeux avec la main,*
dit :)

Celles-ci ſont de joie , & ce ſeront les
dernieres . . . . . . Je vous laiſſe une grande
fortune. Jouiſſez-en comme je l'ai acquiſe.
Ma richeſſe ne coûta jamais rien à ma probité. Mes enfans , vous la pourrez poſſéder
ſans remords . . . . Roſalie , tu regardes ton
frere , & tes yeux baignés de larmes revien-
nent ſur moi . . . . . . Mon enfant, tu ſauras
tout ; je te l'ai déja dit . . . . Epargne cet aveu
à ton pere , à un frere ſenſible & délicat . . . .
Le Ciel , qui a trempé d'amertumes toute ma
vie , ne m'a réſervé de purs que ces derniers
inſtans. Cher enfant , laiſſe-m'en jouir . . . .
Tout eſt arrangé entre vous . . . . Ma fille ,
voilà l'état de mes biens . . . . .

ROSALIE.
Mon pere ! . . . .

LYSIMOND.
Prends , mon enfant. J'ai vécu. Il eſt tems
que vous viviez , & que je ceſſe ; demain , ſi
le Ciel le veut , ce ſera ſans regret . . . Tiens ,
mon fils , c'eſt le précis de mes dernieres vo-

lontés. Tu les respecteras. Sur-tout n'oubliez pas André. C'est à lui que je devrai la satisfaction de mourir au milieu de vous. Rosalie, je me ressouviendrai d'André, lorsque ta main me fermera les yeux..... Vous verrez, mes enfans, que je n'ai consulté que ma tendresse, & que je vous aimois tous deux également. La perte que j'ai faite est peu de chose. Vous la supporterez en commun.

ROSALIE.

Qu'entends-je, mon pere?..... on m'a remis.....

(Elle présente à son pere le portefeuille envoyé par Dorval.)

LYSIMOND.

On t'a remis?.. Voyons.... (*Il ouvre le portefeuille, il examine ce qu'il contient, & dit :*) Dorval, tu peux seul éclaircir ce mystere. Ces effets t'appartenoient. Parle, dis-nous comment ils se trouvent entre les mains de ta sœur.

CLAIRVILLE, (*vivement.*)

J'ai tout compris. Il exposa sa vie pour moi. Il me sacrifioit sa fortune.

ROSALIE,   (*Ces mots se*
    (*à Clairville.*)   *disent avec*
Sa passion !   *beaucoup de*

CONSTANCE,
(à Clairville.)
Sa liberté !

CLAIRVILLE.
Ah, mon ami !.
(Il l'embiasse.)

ROSALIE,
(en se jettant dans le sein de son frere, &
baissant la vue.)

Mon frere !...

DORVAL, (en souriant.)
J'étois un insensé. Vous êtiez un enfant.

LYSIMOND.

Mon fils, que te veulent-ils ? Il faut que
tu leur aies donné quelque grand sujet d'ad-
miration & de joie, que je ne comprends
pas, que ton pere ne peut partager.

DORVAL.

Mon pere, la joie de vous revoir nous a
tous transportés.

LYSIMOND.

Puisse le Ciel, qui bénit les enfans par
les peres, & les peres par les enfans, vous
en accorder qui vous ressemblent, & qui vous
rendent la tendresse que vous avez pour moi.

Fin du cinquieme & dernier Acte.

(vitesse, &
font pres-
que enten-
dus en mê-
me tems.)

De l'Imprimerie de la Veuve SIMON & FILS,
Imprimeur de S. A. S. Monseigneur le Prince de
Condé & de l'Archevêché ; 1770.